本研究是2022年度上海市哲学社会科学规划基金一般课□□
共同富裕理论与实践演进研究"的前期研究成果。本著□□
工程技术大学著作出版专项资助"。

中国特色共同富裕理论 与实践演进研究

杨莲秀 著

上海三联书店

目　　录

第二章　经典马克思主义共同富裕思想
——当前中国共同富裕的理论基础

第三章　百年建党，不忘初心
——共同富裕理论创新与实践演进历程

第四章　新时代中国特色共同富裕
思想新的发展、新的实践

前　　言

在已有研究基础上,本书通过建党 100 年来党的共同富裕梦想、理论与实践演进进程两个维度的研究,深入梳理百年共同富裕思想理论发展与实践,聚焦新时代下如何在新发展阶段中促进共同富裕提供新思路、新方法,论证"中国共产党为什么能、马克思主义为什么行、中国特色社会主义为什么好"。

本书研究的理论意义:中国要走的共同富裕道路是渐进式富裕道路,具有明显的阶段性,经历从部分到整体的过程,需要分步骤、有秩序推进。而且,共同富裕并非一种静态结果,而是从低层次到高层次不断变化的动态过程,其具体内涵和标准会随时间、空间发生变化,且与经济社会发展阶段和水平密切相关。为此,本课题从动态发展视角,梳理每个时期各个阶段我们党共同富裕的理论脉络与实践演进历程,剖析现阶段中国在高质量发展中扎实推动共同富裕面临的主要难题,进一步明确推进共同富裕实现的可行路径以期为推进 2035 年远景目标的实现助力。

实际应用价值:为实现共同富裕政策建议服务。共同富裕要靠共同奋斗,幸福生活都是奋斗出来的,共同富裕要靠勤劳智慧来创造。

本书的框架内容包括四部分:第一部分:国内外相关研究学术史梳理、概念界定和国内外改革经验教训;第二部分:经典马克思主义共同富裕思想——当前中国共同富裕的理论基础;第三部分:百年建党,不忘初心——共同富裕理论创新与实践演进历程;第四部分:新时代中国特色共同富裕思想新的发展、新的实践。

本书的特点:已有研究从不同视角论证了共同富裕的内涵、目标和实现路径,在理论和实践层面推动共同富裕思想的演进,但联系起来研究找出内在规律性的更不多,而且相关专著很少,这为本书的研究留下空间。在已有研究基础上,本书立足中国共产党百年奋斗路程,深入梳理百年共同富裕思想理论发展与实践,为中国在新时代条件下推进共同富裕提供新思路、新方法。

本书的材料来源:1.原始文献:(1)国家统计局的相关资料;(2)十一届三中全会以来党和国家领导人的重要讲话,特别是19大以来的报告以及习总书记的系列重要讲话文本。2.研究性文献:(1)世界银行《全球经济展望》、IMF《世界经济展望报告》;(2)智库的研究报告;(3)近期国家哲社相关课题的研究成果;(4)国内外专家学者的论文。

第一章　国内外相关研究学术史梳理、概念界定和国内外改革经验教训

第一节　国内外相关研究学术史梳理

一、西方学者对于"富裕"的研究

国外关于"富裕"的研究主要是从财富获得、财富增长和资源配置方式等角度研究富裕问题。早期的资本主义生产方式和商品流通不断促进人员、物资和资金的流动,国家在自由交换中积累部分原始资本,为扩大再生产进行投资,工业化迅速崛起,进而创造了更为先进的生产力。从16世纪开端到19世纪的空想社会主义思想家,既有对资本主义制度与贫富差距拉大的不满及口诛笔伐,也有对空想社会主义的一种美好愿景与期待。其理论基石是唯心史观,受到时代与阶级局限性的制约,是不可能实现的空中楼阁。唯物史观与人的全面自由发展是科学社会主义的两大特征,是共同富裕的立足点。西方经济学理论体系不仅包括市场经济运行的一般规律和资源配置的内在机制的微观理论,还包括一国的整体经济运行状况、经济增长和经济发展、开放条件下的国际贸易、国际金融、国际投资等宏观理论。虽然国内学者多认

为西方经济学理论是资本主义的产物,但也不可否认西方经济学中的市场经济理论、现代产权理论、政府干预理论、经济增长与发展理论、收入分配理论等,对我国实现共同富裕有一定的借鉴意义。市场经济理论强调市场的作用,市场发挥了提供激励、传递信息、发现知识、鼓励创新、优胜劣汰、促进要素流动的功能作用,并通过政府对市场经济进行宏观调控。经济增长与发展理论更加关注发展中经济体如何实现从贫困到富裕、从欠发达状态走向发达状态的路径和战略以及在此过程中发生的经济结构和制度结构的变迁。分配理论认为,按生产要素分配是市场经济发展的客观要求,从注重效率到效率与公平并重是收入分配的必然走向。客观来看,这些理论对我国实现共同富裕具有参考价值,但前提必须是在坚持社会主义公有制的基础上以科学的态度进行有选择的借鉴。

西方福利制度起源于二战之后,基于凯恩斯主义与社会民族主义价值理念的影响而建立。20世纪50年代末,资本主义国家从战争中复苏,随着工人阶级的迅速壮大以及一批社会主义国家的建立,资产阶级统治者为维护其统治合法性、抵制社会主义制度,福利制度也迎来了大发展时期。这一时期,"社会福利的增长速度很快就超过了国民经济的增长速度",广泛的福利在一定程度上赢得了民众认同,维持了西方国家的稳定。但这种缺乏长远规划的不合理的福利支出必然不能持久。20世纪70年代,伴随经济危机与"滞胀"的出现,支撑福利制度的凯恩斯主义失灵,新自由主义思潮泛起,此时大部分国家的政府已无力负担高额的福利支出,因此福利制度陷于停滞,迫切需要一场大变革来改变现状。受形势所迫,西方国家普遍对福利制度作了调整,如削减福利开支,鼓励私人发展教育、医疗等缘由国家统筹发展的行业,改革之后给予民众的福利大不如从前,招致了民众的广泛反抗。在这种情况下,社会民族主义者提出了"第三条道路",要求实施"积极福利"的策略。他们强调,公民获取福利虽然是一项权利,但取得这项权利的同时也必须承担相应的义务,即不允许完全依赖福利而不靠个人努力得以生存。这一策略提高了福利申领的门槛,督促群众积极就业,但其本质仍是资产阶级为巩固政权而对民众采取的暂时妥协。可以说,西方福利制度的每一次变革皆是出于权宜之考量,故其运行的合法性屡屡遭受质疑。社会主义国家苏联解体后,资本主义国家的外在威胁大大减弱了,一定程度上,其统治的合法性无须在与社会主义制度的对比中得到证明,因而给民众的福利大幅削减。①

述评,西方共同富裕的思想主要集中在财富的增长与社会福利问题上,但是无论是财富的增长还是社会福利问题本质上都是对资本主义生产方式和私有制的辩护。他们所谈论的富裕是少数人的富裕,是站在资产阶级的立场上。尽管市场提供了交换上的公平即集中于分配但是没有改变私有制下生产资料占有的不平等,并没有深入到生产领域也未涉及收入分配的视角。

二、国内学者专家关于共同富裕的学术综述

共同富裕作为社会主义的本质要求和中国式现代化的重要特征,一直是学界重点研究的问题。随着全面建成小康社会的第一个百年奋斗目标如期实现,我国共同富裕的实践也不断向纵深发展,学术界关于共同富裕的探讨日益,总体把握相关研究对我国促进共同富裕具有重要的理论和现实意义。主要可以从定量、

---

① 林子赛,林晨.论共同富裕对西方福利制度的超越[J].浙江师范大学学报(社会科学版),2022,47(4):41—48.

定性两个角度进行划分。

（一）从定性角度研究

1. 共同富裕的内涵与本质

在共同富裕的探索历程中，共同富裕的内涵愈发丰富，学界对于共同富裕的理解不断更新与发展。改革开放以前，共同富裕一度被理解为"平均富裕""同等富裕"，实践充分证明了这些片面地认识并不能诠释共同富裕的本质内涵。改革开放以后，邓小平同志提出"社会主义的目的就是要全国人民共同富裕，不是两极分化"[1]。党的十八大以来，习近平总书记对实现共同富裕作出一系列重要论述，提出一系列重要指示和要求。学界结合现实对共同富裕内涵进行解读，目前学界的研究共识主要集中在以下几个方面：

第一，全局发展观点，强调共同富裕是从"共同"和"富裕"两个方面出发的全体人民的共同富裕，是物质和精神两个层面的共同富裕。习近平总书记在2021年《求是》杂志发表重要文章《扎实推动共同富裕》，指出"共同富裕是全体人民共同富裕，是人民群众物质生活和精神生活都富裕"。[2]李培林指出在高质量发展中推进共同富裕，不仅仅是指物质生活的富裕，而且包括物质生活和精神生活都富裕[3]。项久雨等认为人民精神生活共同富裕的时代内涵就要在物质生活共同富裕的基础上，不断满足人民多元的精神需要[4]。周文指出"共同富裕是政治经济学重大理论和实践问题，'富裕'属于生产力范畴，'共同'属于生产关系范畴，共同富

---

① 邓小平文选:第三卷[M].北京:人民出版社,1993:110.

② 习近平.扎实推动共同富裕[J].求是,2021(20):4—8.

③ 李培林.准确把握共同富裕的是与不是[J].探索与争鸣,2021(11):5—7+177.

④ 项久雨,马亚军.人民精神生活共同富裕的时代内涵、层次结构与实现进路[J].思想理论教育,2022(06):11—16.

裕体现的是生产力与生产关系的统一。"①贾则琴等认为"新时代
共同富裕是具有新的时代特点的共同富裕,是社会发展概念、社
会变革概念、美好生活状态概念的集合体"②。裴文霞等认为"共
同富裕,是全体人民的富裕、是物质富裕和精神富裕的统一,是满
足人民较高生活水平的追求,是社会主义的本质要求和中国特色
社会主义的重要特征。"③

　　第二,共享发展观点。该观点受新发展理念中共享发展的四
个维度的启发,提出共同富裕是全民富裕、全面富裕、共建富裕、
逐步富裕的统一。杨文圣,李旭东从法理、生产和分配三个维度
认为共同富裕的本质内涵在于共有、共建、共享。④李海舰等认为
共同富裕是全民、全面、渐进、共建的富裕,要扎实推进共同富裕
等不得也急不得。⑤韩步江认为共同富裕是中国特色社会主义共
享发展理念的目标指向⑥。林宇晖认为"共同富裕是社会主义的
最大优势和本质体现,共享发展体现了共同富裕的要求。"⑦高国
力认为,实现共同富裕是一个动态演变不断推进的过程,需要长
时期不懈地努力。推进共同富裕的进程大致可分为近期和中长
期两个阶段,近期重点是有效控制各类差距特别是不同群体收入

　　① 周文,施炫伶.共同富裕的内涵特征与实践路径[J].政治经济学评论,2022,13
(03):3—23。

　　② 贾则琴,龚晓莺.新时代共同富裕的时代内涵、长效困境与实现路径[J].新疆
社会科学,2022(04):20—29+188.

　　③ 裴文霞,陈瑞旭.新发展阶段共同富裕的理论内涵、基础保障、问题挑战及对
策[J].西安建筑科技大学学报(社会科学版),2022,41(02):15—21+31.

　　④ 杨文圣,李旭东.共有、共建、共享:共同富裕的本质内涵[J].西安交通大学学
报(社会科学版),2022,42(01):10—16.

　　⑤ 李海舰,杜爽.推进共同富裕若干问题探析[J].改革,2021(12):1—15.

　　⑥ 韩步江.共同富裕:中国特色社会主义共享发展理念的目标指向[J].云南民族
大学学报(哲学社会科学版),2017,34(04):18—22.

　　⑦ 林宇晖.从共享发展到共同富裕:新时代社会发展的本质、创新与未来路向
[J].福州大学学报(哲学社会科学版),2022,36(03):26—32.

差距扩大;中长期要推动形成有利于实现共同富裕的法治体系、体制机制、政策体系,保持收入差距、城乡差距和地区差距的合理范围和动态调整,构建全社会共享发展成效和现代化生产生活方式、物质文明和精神文明互促的发展格局。[①]

第三,差异发展观点,强调共同富裕不是均等富,而是有差别的富裕,不同阶段不同地区存在一定差异,是一个逐渐从低级走向高级的过程。顾海良指出共同富裕具有逐步实现的过程性特征。[②]张来明、李建伟认为,促进共同富裕,需要正视不同地区客观发展条件政策解读以及个人能力与贡献的差异,允许在特定发展阶段出现收入分配格局偏离基于个人能力与贡献自然属性的橄榄型分布,但要防止收入差距持续扩大、收入分配格局长期偏离橄榄型分布,促进过大差距向适度差距回归、偏橄榄型分布向橄榄型分布转变。[③]高培勇认为,在个人能力禀赋存在差异的现实社会中,绝对平均主义就是典型的平等但不公平现象。因为它抹杀了个体差异。尽管从结果上看貌似平等,但对于那些有创新能力和辛勤劳动的人们则是不公平的。[④]

总的来说,学者们对共同富裕内涵的共性认识主要有三方面:第一,共同富裕生产力和生产关系的有机统一。第二,共同富裕面向全体人民,不是少数人的富裕,是城乡差别、地区差别和群体差距不断缩小且处于合理的差距水平的富裕。第三,共同富裕是多层次的富裕,是物质富裕与精神富裕的统一。共同富裕的内

---

① 高国力,培林,张俊伟等.实现共同富裕:强化"做蛋糕"重视"分蛋糕"[N].中国经济时报,2021—08—31(04).

② 顾海良.共同富裕是社会主义的本质要求[J].红旗文稿,2021(20):4—11.

③ 张来明,李建伟.促进共同富裕的内涵、战略目标与政策措施[J].改革,2021(9):16—33.

④ 高培勇.为什么说促进共同富裕要正确处理效率和公平的关系[N].光明日报,2021—10—06(02).

涵正是在党带领人民探索共同富裕的历程中不断丰富,时代发展的状况也深刻影响着共同富裕所指向的层次与境界,并始终对共同富裕所通往的"每个人的自由发展"的生活图景进行着填充与润色。[①]

2.共同富裕的实现条件

姜辉认为要正确把握"先富"和"共富"的关系,深刻认识实现共同富裕的方向原则下推进共同富裕。[②]郭从伦等认为社会主义制度的建立是共同富裕的制度前提;社会主义市场经济体制的建立和完善是其坚实的物质基础;新时代"精准扶贫"有效补齐了实现共同富裕的最大短板;全面建成小康社会历史性成就的取得使共同富裕向前迈出了一大步。[③]刘琪认为实现共同富裕具有复杂性和阶段性,需要生产力的高度发展,生产资料公有制的制度保障。当前,我国在经济、政治、社会以及人文建设等方面已经具备了基本条件,未来我国还需要促进生产力的进一步发展,兼顾效率与公平,同时注重党的领导和文化、生态文明建设,才能实现马恩思想中的共同富裕。[④]邓观鹏等认为党的领导、中国制度、经济发展、精神文明为共同富裕的最终实现奠定了全面基础。[⑤]

总的来说,实现共同富裕的条件需要以下几点:一是制度保障:社会主义经济制度。所有人的共同富裕和全面自由发展必须在建立社会主义制度基础上。生产力发展的同时兼顾效率与公

---

① 魏崇辉,江辰仪.新时代共同富裕的研究综述与实践展望[J].吉林工商学院学报,2022,38(02):5—11.

② 姜辉.实现共同富裕的方向原则和现实途径[J].理论导报,2021(12):11—14.

③ 郭从伦,常露露.新时代实现共同富裕的基础条件、制约因素及对策[J].党政研究,2022(02):84—92.

④ 刘琪.实现共同富裕的基本条件有哪些[J].人民论坛,2018(35):114—115.

⑤ 邓观鹏,张扬金,陈志茹.新发展阶段下共同富裕的内涵、逻辑与条件[J].理论建设,2021,37(05):66—71.

平。二是领导核心:中国共产党。正是有了党这个强有力的领导核心,共同富裕才能在不断向前迈进,才能取得不错的成效。三是理论根基:反贫困思想。摆脱贫困是几千年来人类共同的梦想,是世界各国的重要任务。我国一直致力于了实现共同富裕和人的全面发展,反贫困的价值也体现如此,反贫困思想指引人民摆脱贫困局面,走向共同富裕之路。

3.共同富裕的实践路径

国内学者对推进共同富裕实现路径研究主要包括:

政策保障方面。李实提出实行财税体制改革推动实现共同富裕目标。程恩富、伍山林从促进社会各阶层共同富裕的视角提出促进社会各阶层共同富裕的财税政策和有利于共同富裕的高中义务教育、免费医疗和住房政策等。①何文炯基于社会保障体系促进共同富裕的政策举措进行研究,认为社会保障是实现共同富裕的重要制度基础。②

劳动主体方面。袁志刚认为收入差距扩大是全人类面临的共同挑战做大蛋糕与分好蛋糕作为共同富裕的一体两面,孰重孰轻取决于经济的发展阶段。当下,人类面临着严重的贫富差距挑战,而贫富差距问题如果不能得到妥善地化解,则必然会对经济的可持续发展与社会安定团结造成严重的冲击。并关于“做大蛋糕,分好蛋糕”提出思路,认为要实现劳动者充分就业与高质量就业来做大蛋糕,分好蛋糕的关键是公共产品均等化。③蒋永穆认为,要推动经济持续健康发展,就需要解决好就业问题。完善就

---

① 程恩富,伍山林.促进社会各阶层共同富裕的若干政策思路[J].政治经济学研究,2021(02):5—11.

② 何文炯.夯实共同富裕的制度基础[EB/OL].中国社会科学网,2022—02—16,http://orig.cssn.cn/zx/bwyc/202202/t20220210_5392032.shtml.

③ 袁志刚.做大蛋糕的前提与分好蛋糕的关键[J].探索与争鸣,2021(11):11—14+177.

业引导机制,加强劳动技能培训,提升劳动者技能素质,缓解就业结构性矛盾。鼓励多种就业模式,如创新创业、灵活就业,通过创业解决自己就业、带动他人就业,从而增加人民收入、改善人民生活质量。[①]张海峰围绕《浙江高质量发展建设共同富裕示范区实施方案(2021—2025年)》中关于共同富裕示范区建设发展目标框架,具体举措与对策建议是着力扩大中等收入群体规模。

收入分配方面。习近平总书记强调,促进共同富裕,总的思路是,坚持以人民为中心的发展思想,在高质量发展中促进共同富裕,正确处理效率和公平的关系,构建初次分配、再分配、三次分配协调配套的基础性制度安排,加大税收、社保、转移支付等调节力度并提高精准性,扩大中等收入群体比重,增加低收

入群体收入,合理调节高收入,取缔非法收入,形成中间大、两头小的橄榄型分配结构,促进社会公平正义,促进人的全面发展,使全体人民朝着共同富裕目标扎实迈进。李实,朱梦冰提出改革收入分配制度,推进基本公共服务均等化,以提高全体人民的全面发展能力为宗旨的共同富裕实现路径。[②]

总的来说,学者从政策保障、劳动主体、收入分配等不同视角提出共同富裕的实现路径,为促进共同富裕提供了较为系统和完善的研究思路。

(二)从定量角度研究

孙豪等从富裕和共享两个维度构建了共同富裕指标体系,归纳出我国不同省域所属的共同富裕型、率先富裕型、相对滞后型、优先共享型几个类型并从国际比较视角认为中国共同富裕的客

---

① 蒋永穆,谢强.扎实推动共同富裕:逻辑理路与实现路径[J].经济纵横,2021
(04):15—24+2.

② 李实,朱梦冰.推进收入分配制度改革 促进共同富裕实现[J].管理世界,2022,
38(01):52—61+76+62.

观位置是:中国经济社会发展大概处于全球中等水平,富裕程度不高,共享程度较低。为此,中国需要坚持在高质量发展中,分阶段、因地制宜地促进共同富裕。①万海远等从公平与效率、发展与共享的理论框架出发,结合对中国特色共同富裕的理解,从国民总体富裕和全体居民共享富裕的结果角度,构建具有中国特色且能广泛比较的共同富裕量化方法,讨论量化函数的技术假定和数理表达,分析指标维度、函数关系式、变量标准化等带来的结构性影响,检验单调性、一致性和同质性等公理化准则。②樊增等从脱贫攻坚走向共同富裕的变化入手,对中国相对贫困进行动态识别和贫困变化的量化分解,通过设定城乡差异化、地区差异化和省际差异化贫困线三种情形研究中国相对贫困状况,发现使用全国统一的相对贫困线容易出现过度识别问题,城乡差异线下的相对贫困综合指数与省际差异线下的结果较为接近,且方便实施,是一个可以兼顾识别准确度和精简度的权衡选择。③由澳大利亚新南威尔士大学经济学院 Nanak Kakwani 教授、英国曼彻斯特大学经济系王晓兵副教授、英国约克大学薛宁博士、浙江大学共享与发展研究院詹鹏博士合作撰写的文章《中国改革开放以来的收入增长与共同富裕》:基于世界银行"共享富裕"的概念,构建了评价共同富裕程度和机会平等的指数,并对中国的共同富裕程度进行了量化分析。通过指标分解,进一步评估了相关政策的有效性,有助于理解改革开放以来中国收入增长和收入共享的主要贡献因素,为度量中国的共同富裕程度提供了具体的分析思路和方

① 孙豪,曹肖烨.中国省域共同富裕的测度与评价[J].浙江社会科学,2022(06):4—18+155.

② 万海远,陈基平.共同富裕的理论内涵与量化方法[J].财贸经济,2021,42(12):18—33.

③ 樊增增,邹薇.从脱贫攻坚走向共同富裕:中国相对贫困的动态识别与贫困变化的量化分解[J].中国工业经济,2021(10):59—77.

法,是未来针对共同富裕问题研究的重要参考文献。

已有研究从不同视角论证了共同富裕的内涵、目标和实现路径,在理论和实践层面推动共同富裕思想的演进,但联系起来研究找出内在规律性的不多,这为我们研究课题留下空间。

第二节　国内外改革经验、教训

一、国外福利政策改革的经验教训总结

走中国特色的共同富裕之路是前无古人、现无榜样的全新道路,但仍然可以从他国的发展实践中汲取有益经验。在扎实推动共同富裕的历史进程中,放眼世界,西欧北欧国家的经验要多于教训,美洲国家的教训要多于经验。福利国家是一个可资重点借鉴的参照系,其在数百年发展积累的基础上,不断壮大国民共享国家发展成果的份额。我国是社会主义国家,不可能照搬这些国家的做法,但需要认真研究和借鉴这些国家的相关制度安排及其实践经验,充分汲取人类发展进步的文明成果,在全面建设社会主义现代化强国、扎实推进共同富裕的历史进程中,应当摒弃将福利污名化的现象,高举福利中国的旗帜,以积极、理性的姿态与制度安排,将全体人民引领入中国式的福利社会,那必定是所有人都能够自由而全面发展的幸福时代。总结北欧、德国、日本、美国等发达经济体在发展过程中如何兼顾效率与公平、推动共享发展的经验和问题,辩证参考借鉴改革经验,促进我国共同富裕的实现。

（一）北欧模式

北欧模式,主要是指北欧四国(芬兰、瑞典、丹麦和挪威)建立

的普遍全面的福利国家制度,其以高税收为依托,集结了覆盖全生命周期的各种福利保障政策。北欧模式在确定了缩小贫富差距的公平分配原则的基础上,通过提高劳动生产率和升级产业结构,实现了经济繁荣和社会和谐。北欧模式是在特定的经济社会和历史文化背景下产生和发展起来的,在一百多年的发展进程中经历了萌芽、崛起到鼎盛再到改革调整的历史阶段。北欧是全球福利最好的地区,居民收入差距小,幸福指数名列前茅。

有如此成就的原因在于:一是大力发展高新技术与绿色经济。充分利用比较优势,调整产业结构,集中资源发展高新产业。经过产业结构的调整升级,北欧国家的劳动生产率不断提高,经济发展速度不断加快。另外,北欧高新产业异军突起,特别是在信息通讯、半导体芯片和能源领域处于世界前列。大力发展绿色经济。北欧国家绿色发展的立法框架和执法体系相对成熟和完善。环境立法范围较广,涉及了环境污染治理、自然资源保护等方面,同时各国也重视绿色执法和绿色司法。北欧国家加大可再生能源利用率,重视绿色技术的创新和推广。北欧国家充分利用国内森林、天然气、地热等自然资源的优势,推进水能、风能、生物质能等新能源的开发和利用。同时,北欧国家重视清洁技术的发展,许多技术在相应的细分领域处于全球领先地位。二是实行高额税收和大幅度的累进收入税,以支撑高福利,缩小收入差距。高税收制度是保障北欧高福利生活的关键。为了缩小贫富差距、支撑高福利政策,北欧各国均实行高额税收和大幅度的累进收入税。同时,北欧国家为了保证高税收的正常运行,均拥有一套独特且完备的税收管理体系。三是建立高福利保障体系,经过不断的改革与发展,北欧已经建立起覆盖全体公民、"从摇篮到坟墓"全生命周期的福利国家制度。北欧国家遵循普遍主义和社会平等原则,将全体公民都纳入福利体系,并为其提供免费或低费用的公共服务,如医疗、养老、教育、住房等,同时开展了一系列提高就业率的措施。具有一系列就业激励政策:其一,充足的就业岗位,填补职位空缺;其二,据需要职业培训,以工代赈;其三,措施关照失业人员。北欧实行以教育为基础、以科技为核心的兴国战略,国家投入的教育经费在政府开支中所占比例高于大部分发达国家。

(二)德国模式

德国社会市场经济模式(简称"德国模式")这一概念最初是由阿尔马克提出来的,在他看来,"社会市场经济是一种介于自由放任政策和集中管理经济之间的混合系统",强调一种"平衡",是经济体制和社会体制的集合。2008年金融危机后,德国模式开始进行改革,政府采取金融改革监管、加强新兴产业投资、整顿国家财政等措施迅速恢复经济。德国长期以来收入差距较小,是全球福利型国家的代表。近年来,东德所有收入群体的实际收入分配逐渐适应了西方收入的发展,东德和西德的收入差距逐渐减小。

德国中等收入群体比重高且收入差距小的原因是多方面的:一是通过做精做强优势产业稳定就业。德国政府不断优化国家创新体系,适时推出并发展完善制造业相关发展计划,加大对科技创新的研发投入,保持制造业在新一轮科技和产业革命中的竞争优势。德国国家创新体系不仅关注传统优势产业的数字化进程,还涵盖创新、技术、信息等多个领域,注重智能服务世界、电子健康等服务业领域数字化经济模式构建。以全球视角布局产业链,在鼓励企业扩大海外投资的同时还予以相关企业更多的保障。采取各种措施鼓励中小企业的发展,目前优秀的中小企业是德国创新驱动的主要行为体。二是通过收入分配机制来调节收入差距。初次分配环节,主要通过平衡劳资双方利益、建立义务教育体系等方式,提高初次分配的效率。推行工资集体协商制度,建立以合作主义为特征的劳资关系;实行免费义务教育,教育机会均等有利于提升整体国民素质,促进社会经济发展和收入差距缩小。二次分配环节,主要是通过税收政策、社会保障、社会救助等进行调控。具体来看,进行量能课税的税收调节;构建比较完善的社会保障制度,以消除绝对贫困或解决相对贫困的问题。三次分配环节,主要是通过培养慈善理念,注重慈善宣传。同时,德国政府通过对慈善基金会免收遗产税,以及对慈善公益捐赠减免税收进行财倾斜。另外,德国会建立有效审查监督机构等,每年审查一次慈善机构,有效实现第三次收入分配公平。三是均等的教育和公共服务保障。德国在促进公共服务均等方面,采取了一系列公平和保障政策,涉及教育、住房和医疗等领域。其一,推行"双元制教育",多元化培养人才;其二,实行以居住为导向的住房制度设计,扩大保障性住房供给,维护住房租赁市场的稳定;其三,完善德国医疗卫生体制改革,实行医药分离和药品参考价格制度,促进医疗公平。

（三）日本模式

日本实现共同富裕的路径,是在经济快速发展和贫富差距缩小的基础上,再采取措施保障公平。

首先,支持创新、重视制造业、促进消费升级。第一,提高创新能力,培养创新型技术人才。重视科学技术发展,提高国民素质是战后日本经济高速增长的关键。"计划"明确指出,以科技教育为中心的人才培养、加快技术创新与顺利推进工业化是振兴科学技术事业的三大基本任务。在提高国民素质和人力资本方面,日本结合工业发展的需要增设理工科大学,加强对职业技术工人的培养,增加工业高中的数量。在培养高级科研人才方面,日本加强研究型人才的研究生院建设,创造一个优秀科研人员得以充分发挥能力的环境。第二,调整产业结构,鼓励制造业发展。日本连接四大工业区(名古屋、东京、大阪、北九州)以形成新工业地带,大力发展重工业来带动第二产业的发展。日本还通过加大公共投资和鼓励民间投资,带动对设备的需求增长。日本政府为了充实社会资本,加大对公共服务基础设施的投入力度,鼓励企业等民间组织加大设备投资,其间制定了企业减税,缩短生产设备的折旧年限等方法。第三,激发需求释放,促进消费结构升级。为了扩大内需,日本采取了一系列措施来提高中低收入阶层的收入,包括削减个人税和企业税、增加教育和医疗的政府支出等,形成以中产阶层为主的格局,带动居民消费结构不断升级。

其次,利用分配改革,缩小贫富差距。在高质量发展的同时,日本政府注重收入分配改革,主要通过两个维度缩小贫富差距:一是缩小城乡差距,打破城乡二元结构;二是缩小收入差距,提高中低收入人群的生活水平。一方面,日本政府着力解决"三农问题",缩小城乡差距。日本大幅提高对农业的投资和农产品补贴,大力推进农业机械化、现代化和农业结构升级。转移非农人口,推动"农民工"转型方案,使农民通过出租或出售土地等方式获得大量现金,提高农户基本收入和消费能。另一方面,日本政府以最低工资与确保国民最低生活水平为基础,缩小收入差距。建立最低工资制度,采取"限高、扩中、补低"的财政补贴政策,缩小行业工资差别和提高整体工资水平。大力鼓励企业和工厂向落后地区迁移,给予落后地区招商引资的优惠政策;其三,加强中高年龄劳动力的职业培训,推动劳动力市场的供需平衡。同时,日本逐渐完善其税收制度,进一步缩小贫富差距。

另外,注重均等教育、医药分离、社会保障。日本主张在实现经济增长的同时提升国民福利水平,促进社会公平。具体包括:建立有助于教育公平的义务教育体系和有助于医疗公平的医药分离制度,建立国民性质的社会保障机制为人民提供最低的生活保障等。第一,促进教育公平,推动全民享受均等的教育资源。第二,促进医疗公平,建立医药分离的现代化医疗制度。第三,完善社会保障机制,促进全体公民享有优质社会福利。日本良好的社会保障制度是日本经济发展的稳定器。[①]

从上述国家实践可知:其一,共享发展具有全球普遍性,但每个国家的历史地理、发展阶段、禀赋特征存在差异,共享发展方式也存在差异。其二,各国在推进共享发展中存在不尽如人意的地方,如北欧国家主要通过高福利方式来推进共享发展,但是这种高福利以高税收、高负债为基础,对发展效率产生不利影响,从"摇篮到坟墓"的社会福利体系甚至陷入拖累经济发展的尴尬境地;美国主要是以创新为导向,重视发展效率,但对公平的关注不足,近年来收入差距有扩大趋势。其三,推进共享发展的途径虽不同,但也存在共性方面,主要是以创新驱动产业升级来实现经济高质量发展、通过三次分配调节机制缩小收入差距、以全面的保障体系为依托实现公共服务均等化。其四,我国与他国在政治体制、经济基础与文化理念等领域均有差异,国外的共享发展目标与我国的共同富裕目标存在较大差异,不能盲目搬来作为对标对象,但可以适当借鉴参考其有效做法,结合本土国情制定具体政策。[②]

---

① 共同富裕专题报告:从全球视角探索共同富裕的实现路径与成效[R].央财智,2022—05—13.

② 王美福,黄洪琳,吴诗慧.从国际比较视野思考共同富裕之路[J].统计科学与实践,2022(02):12—17.

同时需要注意的是,要避免落入"福利主义"养懒汉的陷阱,有效辨别"福利"舆论。现在社会舆论的氛围已经在很大程度上将"福利"污名化了,充斥着"福利病""福利陷阱""福利危机""福利民粹主义""福利影响竞争力"等一系列负面词组。实际上"福利"是所有人民的共同期待,实现共同富裕的本质就是构建福利社会、福利中国,把福利污名化既不利于理性地推动社会保障制度改革,也不利于进一步探索并证明中国特色福利社会是保障人民自由而全面发展的新模式。

二、国内走向共同富裕之路的历史经验

"初心易得,始终难守。以史为鉴,可以知兴替。我们要用历史映照现实、远观未来,从中国共产党的百年奋斗中看清楚过去我们为什么能够成功、弄明白未来我们怎样才能继续成功,从而在新的征程上更加坚定、更加自觉地牢记初心使命、开创美好未来。"习近平总书记在庆祝中国共产党成立100周年大会上的话语重心长、掷地有声。①总结出的党领导人民进行伟大奋斗所积累的宝贵历史经验,对于我们扎实推进新时代的共同富裕具有重要启示。

必须坚持党对促进人民共同富裕的集中统一领导。中国共产党是中国革命、建设和改革的领导核心,也是促进人民共同富裕的领导核心。促进人民共同富裕是一个艰巨的、复杂的、长期的系统工程,涉及方方面面,关系每个群众,需要统揽全局、科学施策、埋头苦干、坚持不懈,才能取得成效,这就必须坚持党的集中统一领导。100年来,正是在中国共产党的坚强领导下,我国促

---

① 习近平.在庆祝中国共产党成立100周年大会上的讲话[N].人民日报,2021—07—01(2).

进人民共同富裕的事业才取得了一个又一个伟大成就。党对促进人民共同富裕的领导主要体现在:一是指引共同富裕的正确方向,即明确我国共同富裕的人民属性和社会主义方向。二是制定促进人民共同富裕的大政方针。新民主主义革命时期,我们党提出了革命与生产相结合、"打土豪,分田地"、发展生产等方针政策;社会主义革命和建设时期,我们党制定了实行土地改革、三大改造、加强社会主义建设等方针政策;改革开放和社会主义现代化建设新时期,我们党实施了联产承包责任制、解放和发展生产力、发展市场经济等方针政策;中国特色社会主义进入新时代,我们党提出了坚持五大发展理念、坚决打赢扶贫攻坚战、推动高质量发展等方针政策;这些大政方针对各个时期促进人民共同富裕起到了直接的指导作用。三是有组织、有计划、有重点地推进人民共同富裕建设。新民主主义革命时期,推翻"三座大山",建立新中国,实现人民解放,为促进人民共同富裕奠定社会条件;社会主义革命和建设时期,确立社会主义制度,实行多个五年计划,解决人民的生存问题;改革开放和社会主义现代化建设新时期,把党和国家工作重心转移到经济建设上来,实行改革开放,大力发展生产力,解决人民的基本小康问题;中国特色社会主义进入新时代,贯彻新发展理念,推动高质量发展,解决人民的全面小康问题。四是总揽全局、协调各方。促进人民共同富裕是个综合性、复杂性非常强的事业,因此,党和政府需从人、地、财、物等各方面予以统筹协调,才能把促进人民共同富裕的工作抓紧抓实,抓出成效。百年来,正是由于中国共产党的杰出领导,中国人民共同富裕才能卓有成效地推进,才能取得如此巨大的成就。

必须坚持以中国化马克思主义共同富裕理论为指导。理论是实践的先导和指南。当代,中国要促进人民共同富裕,就必须坚持以中国化马克思主义共同富裕理论为指导。中国共产党成立百年来,把马克思主义基本原理与中国具体实际结合起来,在促进共同富裕问题上提出了一系列新思想,形成了丰富的中国化马克思主义共同富裕理论,为各个时期推进共同富裕建设提供了科学的理论指导。毛泽东同志指出,社会主义富是"共同的富",必须"给人民以看得见的物质福利",解决人民群众的生活问题。这为新民主主义革命时期和社会主义革命与建设时期促进人民共同富裕提供了有力指导。邓小平同志强调,"社会主义的目的就是要全国人民共同富裕",要坚持改革开放,坚持以经济建设为中心,让一部分人、一部分地区先富起来,最终实现共同富裕。这为改革开放和社会主义现代化建设新时期促进人民共同富裕提供了重要指导。习近平总书记指出,"共同富裕是社会主义的本质要求,是中国式现代化的重要特征",要以高质量发展,"使全体人民朝着共同富裕目标扎实迈进"。这为中国特色社会主义新时代促进人民共同富裕提供了科学指导。推动人民共同富裕的实践离不开理论的指导,同时,实践也在不断丰富和发展着理论。我们应与时俱进,用发展着的马克思主义共同富裕理论来指导人民共同富裕建设。

必须坚持"以人民为中心"。中国共产党是人民的政党,因此,在促进共同富裕中,必须牢牢坚持"以人民为中心"。一方面,以实现最广大人民共同富裕为出发点和落脚点,以促进人民共同富裕作为制定方针政策的依据,顺应民心、关注民情、致力民富、为民造福,维护好、发展好最广大人民群众的根本利益。另一方面,要充分发挥人民群众的积极性、创造性和主动性,着力激发人民促进共同富裕的内生动力,引导广大群众依靠自己的勤劳和智慧实现共同富裕。百年来,中国共产党促进共同富裕正是在以人民为中心的价值取向的引领下不断推进的。新民主主义革命时期,我们党坚持以人民为中心,使人民获得了解放;社会主义革命和建设时期,我们党坚持以人民为中心,初步解决了人民的吃饭问题;改革开放和社会主义现代化建设新时期,我们党坚持以人民为中心,人民生活达到了总体小康;中国特色社会主义进入新时代,我们党坚持以人民为中心,人民生活实现了全面小康,现在正向全体人民共同富裕阔步前进。百年来党促进人民共同富裕的实践及成就,极大地彰显了中国共产党以人民为中心的初心使命和价值取向。

必须坚持用发展的手段促进人民共同富裕。促进人民共同富裕问题,说到底是经济问题和发展问题。百年来,中国共产党正是通过发展来解决人民群众的共同富裕问题。新民主主义革命时期,党带领军民边革命、边生产,尽力保障军民生活。社会主义革命和建设时期,党领导人民,实行土地改革,恢复经济,有计划地推进经济建设和社会主义工业化,着力解决广大人民群众吃饭问题。改革开放和社会主义现代化建设新时期,党作出实行改革开放的历史性决策,确立社会主义市场经济体制,推动经济又好又快发展,为人民生活达到基本小康提供了物质基础。中国特色社会主义进入新时代,党贯彻"五大"发展理念,推进经济高质量、高效益发展,为人民生活实现全面小康进一步筑牢了物质根基。实践证明,经济发展是促进人民共同富裕的重要基础和关键路径。

必须采取有效的策略举措促进人民共同富裕。新民主主义革命时期,我们党领导实施了土地革命、发展经济、开展大生产运动等举措,保障人民生活。社会主义革命和建设时期,我们党通过土地改革、确立社会主义制度、实施五年计划等重要举措,改善人民生活。改革开放和社会主义现代化建设新时期,我们党通过改革开放、发展生产力、先富带后富、建设新农村等政策措施,积极促进人民共同富裕,并取得了巨大成效。中国特色社会主义进入新时代,我们党贯彻新发展理念,深化供给侧结构性改革,促进高质量发展,大力解决人民群众的贫困问题和发展成果共享问题,使这一时期的人民共同富裕取得了辉煌成就。历史表明,只有真正采取切实有效的策略举措,才能使促进人民共同富裕工作落实、落细、落小,才能实现更大目标,取得更优成果。[①]

第三节 概念界定及相关理论

一、共同富裕概念界定

共同富裕具有鲜明的时代特征和中国特色,它是全体人民通过艰苦的劳动和互助,使人们的生活富裕、精神自强、环境宜居、和谐社会、公共服务普及普惠,从而使人全面发展,共享改革发展的成果,促进社会的和谐。总之,共同富裕就是要使所有的人生活得更好。共同富裕的内涵包括以下几个方面。

共同富裕是"共同"与"富裕"的有机统一。"共同富裕"中,"富裕"反映的是经济社会发展水平,体现着物质丰富、精神富足和生活宽裕程度;"共同"体现的是让改革发展成果更多更公平惠及全体人民。[②]共同富裕首先是富裕,这是前提,也是基础。富裕是以一定的生产力发展为基础,没有生产力的高度发达,就没有社会

---

① 张远新.如何正确理解促进人民共同富裕的重大意义[EB/OL].人民论坛网,2021—12—09,http://www.rmlt.com.cn/2021/1209/634196.shtml

② 李毅.理解共同富裕的丰富内涵和目标任务[N].人民日报,2021—11—11.

物质财富的极大丰富和精神财富的不断积累,就无法实现全体人民的共同富裕。共同富裕是全体人民共同的富裕,是大家都有份的富裕,是"一个也不能掉队"的富裕。贫穷不是社会主义,少数人富裕、多数人贫穷不是社会主义,两极分化也不是社会主义,只有共同的富裕才是社会主义。"共同"是全体人民对于财富的占有方式,是相对于两极分化而言的;"富裕"是全体人民对于财富的占有程度,是相对于贫穷而言的。"共同"和"富裕"是有机统一的、不可分割的。①

　　共同富裕是全民富裕、共享富裕。习近平总书记特别强调指出:"全面建成小康社会,一个不能少;共同富裕路上,一个不能掉队。"可见,共同富裕的最终目的,不是为发展经济而发展经济,也不是为了少数人的富裕而发展经济,而是为了最终实现全体人民共同富裕。当然,个体的富裕不等于平均主义,不等于没有任何差别。但不同个体之间的差别,只能是共同富裕前提下的差别,而不是别的什么意义上的差别。就每个劳动者来说,他们的智力、体力和技能不同,所获得的收入也不一样,不可能同步实现共同富裕。就每个地区来说,各地区经济社会发展条件和基础不同,也不可能同步实现共同富裕。在推进共同富裕过程中,要允许一部分人先富起来,先富带后富、帮后富,最终实现共同富裕的目标。"一个不能少"的思想理念将共同富裕的主体范围,与马克思主义追求的"每个人的自由发展"这一共产主义伟大理想在内容和逻辑上对接了起来。共同富裕是全体人民共享的富裕,依靠全体人民的共同努力来实现。没有全体人民的共同奋斗和互帮互助,共同富裕就成了无源之水、无本之木。共同富裕需要全体人民辛勤劳动和团结互助,人人参与、人人尽力,共同担负起推动

① 曹江秋.深刻把握共同富裕的科学内涵[N].经济日报,2021—11—05.

经济社会发展的责任。共享要建立在共建基础上，没有全体人民的辛勤劳动，也就无法创造更多的物质财富，更没有可供共享的成果。

共同富裕是物质生活和精神生活全面富裕。以往讲富裕，主要是对物质生活而言，精神生活很少说富裕。在现代社会，物质产品和精神文化产品的生产是紧密联系、相互促进的，人们的物质生活和精神生活也是密不可分的。实现共同富裕不仅要大力发展物质资料生产，创造充裕的物质产品，满足全体人民的物质生活需要；而且要强化社会主义核心价值观引领，创造丰富的精神文化产品，满足人民群众多样化、多层次、多方面的精神文化需要。2021年6月发布的《中共中央、国务院关于支持浙江高质量发展建设共同富裕示范区的意见》提出："共同富裕具有鲜明的时代特征和中国特色，是全体人民通过辛勤劳动和相互帮助，普遍达到生活富裕富足、精神自信自强、环境宜居宜业、社会和谐和睦、公共服务普及普惠，实现人的全面发展和社会全面进步，共享改革发展成果和幸福美好生活。"这为我们指明了共同富裕的具体内容：既包括物质生活方面的富裕，也包括精神生活方面的富裕；既包括人的全面发展，也包括社会全面进步。中央财经委员会第十次会议则更加明确地提出，"共同富裕是全体人民的富裕，是人民群众物质生活和精神生活都富裕"。物质生活富裕，是共同富裕丰富内容的物质基础，是人民群众看得见、摸得着、真实可感的内容。没有物质生活富裕这个基础，共同富裕的其他内容就失去了实现的客观条件。当然，仅仅停留在物质生活富裕层面，还不能说就是共同富裕的完整含义。共同富裕是全体人民对美好生活的全面追求，是物质生活富裕和精神生活富裕两个方面的全面富裕。同时，共同富裕既是人的全面发展，也是社会的全面进步，是人的全面发展和社会全面进步的辩证统一。

共同富裕是社会主义的本质要求,是中国式现代化的重要特征。马克思主义经典作家和新中国历代领导人对共同富裕有大量论述,理论界更是有大量研究。虽然追求富裕是人们的普遍愿望,但是只有社会主义社会自觉以共同富裕为发展目标,也只有在社会主义社会可能实现共同富裕。按照党的十九大对未来发展两个阶段的安排,我国到2035年基本实现社会主义现代化,全体人民共同富裕迈出坚实步伐;到21世纪中叶建成富强民主文明和谐美丽的社会主义现代化强国,全体人民共同富裕基本实现。这表明中国式现代化和共同富裕目标一致,发展阶段和进度有差异。共同富裕既是中国式现代化的重要特征,又是比现代化进程更漫长的历史任务,要充分认识完成这一历史任务的长期性、艰巨性和复杂性。①目前我国地区之间、城乡之间的发展条件和水平有很大差异,社会成员的能力也不同,各地区各阶层群众的富裕先后次序和水平必然有差异,不可能所有人同步富裕。随着我国经济社会不断发展,富裕的人会越来越多,富裕程度总体上会逐步提高,但是社会成员之间的富裕水平差异将长期存在。

二、相关理论探析

(一)社会主义收入分配理论

1.西方收入分配思想发展

传统经济理论中对收入分配分析时所考虑的主要是收入、商品、效用等福利主义概念。而现代西方经济学家在分析收入分配的内容之时,自由、权利、能力等非收入和非商品信息日益受到当

---

① 郑志国.全面认识共同富裕的内涵和条件[EB/OL].中共广东省委党校(广东行政学院),2021—09—23,http://www.gddx.gov.cn/xyxw/llsd/content/post_157218.html.

代经济学家们的青睐。经济学与伦理学、社会学、政治学等学科正在实现合理的回归。

哈耶克把分配的内容基本上限定为自由选择的机会。诺齐克特别强调的是自由交换的权利。自由选择的权利是诺齐克分配理论的基础和出发点，国家的根本职能保护这种权利不受侵害，而不是具体地分配收入和物品。罗尔斯强调的是社会基本物品。他认为所有社会基本物品——自由、机会、收入、财富、自尊的基础——都要平等地分配，即分配正义。在罗尔斯的分配正义理论的框架中，国家的职能和作用比起诺齐克"最弱意义的国家"来说要大得多。阿马蒂亚·森认为，财富和收入固然是人们追求的目标，但它们毕竟属于工具性的范畴，人类社会最高的价值标准是以人为本作为发展的自由，阿马蒂亚·森认为主流经济学严重忽略了人类的贫穷和收入分配不公平问题，他们只注重诸如国民生产总值、人均收入等指标，却忽略了一个基本事实，即许多人一贫如洗。因此，他非常注意社会的底层。在对阿罗不可能定理做出的突破性发展中，森通过提出价值限制定理和把社会福利函数拓展为社会决策函数，使多数规则成为合理的社会决策机制。

当代西方经济学对收入分配问题的研究，大致可概括为三种理论：第一种是福利经济学的分配理论；第二种是平等与效率抉择的分配理论（又分为公平优先论、效率优先论、公平和效率兼顾论）；第三种是发展经济学。二战以后，不发达国家的贫困和发展问题重新成为研究的热点，纳克斯"贫困的恶性循环"，刘易斯"无限劳动供给"的发展理论，"二元经济"模式的分配理论。

以上这三种理论都是从各自关注的中心论题展开，丰富了对收入分配问题的研究。布朗芬布伦纳《收入分配理论》(1971)经典性在于它将新古典主义传统中有关收入分配的研究成果集大成者,他延续了克拉克的《财富的分配》(1899年)、希克斯的《工资理论》(1932年)和道格拉斯的《工资理论》(1934年)的传统。之后,收入分配问题依然是经济学的研究热点之一,新增长理论、新制度主义和新政治。经济学都将收入分配问题。纳入研究范围,新的研究成果层出不穷。但新古典主义的分析都是基础。无论是从西方经济理论自身的演变来看,还是从经济学与其他学科的合理回归与相互融合来看,收入分配问题的研究都愈来愈受到关注。而在西方收入分配理论的研究中,集中表现出两大鲜明的特征:一是对非收入因素的关注,二是对社会最底层成员的关注。

激进政治经济学派,主要代表人物有巴兰、威斯齐等。他们批评"正统经济学派"的一些经济观点和研究方法;用"经济剩余"说批判当代美国资本主义制度,认为美国的收入和财富分配不均等问题都是美国大公司统治下的资本主义制度本身的产物。他们主张以公有制替代私有制,但反对暴力革命,在经济决策上反对集中,在资源配置上既反对市场经济,又反对行政命令手段。

(法)皮凯蒂撰写的《21世纪资本论》。习近平总书记指出:1867年问世的《资本论》是马克思主义最厚重、最丰富的著作,被誉为"工人阶级的圣经"。人们看到,在西方资本主义社会,凡是遇到一次危机,就会引发一场"马克思主义研究热"。2008年国际金融危机爆发后,《资本论》等著作再次热销。在这个背景下,《21世纪资本论》在全球范围内引起人们的广泛关注和热烈探讨。究其原因,主要有两个方面:一是它所讨论的问题即财富的不平等分配,二是其在一定程度上借助《资本论》的影响。

《21世纪资本论》同马克思的《资本论》之间具有某种关联,特别是其所讨论的问题。作者在书中通过丰富而翔实的历史统计数据证明美国等西方国家的不平等程度已经达到或超过了历史最高水平,认为不加制约的资本主义加剧了财富不平等现象,而且将继续恶化下去,私有资本的积累必然带来广大劳动者的"贫困积累",即收入和财富的不平等分配、社会的两极分化。因此,书中高度评价马克思的资本积累理论:"马克思提出的无限积累原则表现出其深邃的洞察力,它对于21世纪的意义毫不逊色于其在19世纪的影响。"

但是,《21世纪资本论》对社会问题的分析并非基于《资本论》,其间还充斥着对《资本论》的肤浅认识和误读。作者的分析主要是从分配领域进行的,没有过多涉及更根本的所有制问题,由于其过度依赖数据所呈现的表层现象而无视马克思资本积累理论的社会历史内涵,导致其与《资本论》主旨相背离并愈行愈远,所以,《21世纪资本论》并不是21世纪的《资本论》。

2.社会主义收入分配理论

以马克思主义收入分配理论作为理论基础。劳动价值理论和剩余价值理论是马克思主义收入分配理论的核心,也是社会主义收入分配理论的基础。马克思把分配关系看作是与生产关系紧密联系的一个重要环节,指出"分配关系本质上和生产关系是统一的,是生产关系的反面"①。马克思所提到的分配关系是"生产关系的反面",意指分配关系要受到生产关系的制约,生产关系决定分配关系,劳动产品的分配规则和数量都是由嵌入到社会生产关系结构中的具体结构来决定;而分配关系可以反映人们在再生产过程中结成的生产关系的性质和要求。具体到资本主义社会,马克思恩格斯提到在资产阶级占统治地位的社会里,资产阶级占有了重要的生产资料,而工人阶级仅仅拥有劳动力这种特殊的生产要素。工人阶级只有在劳动力市场上出卖自身的劳动力

---

① 马克思.资本论[M].第1卷.北京:人民出版社,1975:993.

商品才能获得工资,勉强维持其自身的生存。占有生产资料的资本家,则通过榨取工人创造的剩余价值获得财富,并不断扩大再生产。因此,在生产资料私有制的社会制度背景下,解决资本主义生产过剩危机的根本方式在于实现生产条件的公平分配,即改革社会生产关系。只有推翻资本主义私有制,建立社会主义公有制,才能更好促进收入公平分配,从而实现社会的稳定和发展。

三次分配是社会主义收入分配理论的基本构架。初次分配讲求效率,就是要让那些有知识、善于创新并努力工作的人得到更多的劳务报酬,首先富裕起来;二次分配讲求公平,政府应当利用税收等手段来帮助弱势群体,建立全面、系统、适度、公平和有效的社会保障体系;第三次分配讲求社会责任,富人们应当在自愿的基础上拿出自己的部分财富,帮助穷人改善生活、教育和医疗的条件。

中国特色社会主义经济制度是社会主义收入分配理论发展的重要支撑。社会主义收入分配发展过程中结合中国实际,凝聚中国特色,以中国特色社会主义经济制度为支撑,在社会主义市场经济中发挥市场"无形之手"和政府"有形之手"两者的联动力量,实行按劳分配。建立在公有制为主体的所有制结构基础上的社会主义市场经济,要求市场经济主体追求自身的直接利益同满足社会成员的需要保持一致;要求市场经济主体的局部利益须服从社会整体利益;要求市场经济主体的市场活动要受国家宏观调控的制约等。在我国社会主义市场经济中,市场对资源配置要起"决定性"作用,但这种"决定性作用"是以中国特色社会主义基本经济制度为基础,并受到国家宏观和微观调节的。市场决定性作用和政府的总体规划配置作用以及微观规制作用是一个有机的整体。市场型按劳分配是对科学社会主义按劳分配理论的继承和发展,已成为我国社会主义初级阶段经济制度的分配特征。

（二）贫困及反贫困理论

马克思主义经典作家在深刻剖析和批判资本主义生产方式的基础上,着重论述了社会贫困的根源与反贫困的路径问题,探讨了人类消灭贫困的途径和出路。马克思、恩格斯通过对资本主义生产分配过程的分析,深刻揭示了资本主义私有制是贫困的源头。在资本主义制度下,资本家贪得无厌地攫取剩余价值,随着资本主义生产的周期性扩张,资本的超额利润剥削愈加严重,劳动者日益贫困化。因此,马克思主义主张,消灭贫困,必须彻底消灭私有制,建立社会主义制度,发展社会生产力,实现人的自由全面发展。这些内容构成了马克思主义反贫困理论的主干,也成为新时代中国特色反贫困理论的思想渊薮。

全球援助与发展组织乐施会、瑞信银行（Credit Suisse）发布的报告都认为世界上贫富两极分化非常严重。西方学者也对贫困问题进行了相关研究。马尔萨斯的"人口剩余致贫论"。他试图通过社会经济的表象阐述为什么会产生贫困问题,且有针对性地提出反贫困的实践路径,开启了世界反贫困思潮的先河。然而,他的"抑制人口增长"的反贫困理论相对片面甚至过于极端。

收入分配倒U曲线是1971年经济学诺奖获得者库兹涅茨在1955年提出的观点,在经济学界又被称为涓滴效应,指在经济发展过程中并不给予贫困阶层、弱势群体或贫困地区特别的优待,而是由优先发展起来的群体或地区通过消费、就业等方面惠及贫困阶层或地区,带动其发展和富裕。库兹涅茨曲线试图证明的是欧美国家历史发展过程中经济增长与缩小贫富差距或社会公平的关系,但是这条曲线描绘出来的是历史发展的一个结果。但自1980年代以来,尤其是2008年世界金融危机之后,库兹涅茨曲线理论基本失效。这个曲线已不符合现实的数据分析,一些国际组织、外国研究机构与学者做出了大致相同的结论,但怎么解释收入分配差距持续扩大的原因,现在还没有权威的结论。

改革开放40多年来,我国经济社会的快速发展是历史上前所未有的。但从20世纪90年代中期以来,我国居民收入差距呈现不断扩大的趋势,贫富分化现象加剧。根据国家统计局数据显示,2019年的基尼系数为0.465,超过国际公认的0.40的警戒线。社会主义的本质是追求共同富裕,贫富分化与社会主义的本质是相悖的。历史经验表明社会贫富悬殊会带来个人收入和财富分配上的差别、不同人群人力资本上的差异、生活方式的差异、价值观的差异和矛盾,最后带来社会的冲突和分裂。习近平总书记指出,"坚持把发展作为解决贫困的根本途径,改善发展条件,增强发展能力,实现由'输血式'向'造血式'帮扶转变,让发展成为消除贫困最有效的方法"[①]。新时代中国特色的反贫困理论的核心思想为,要解决贫困问题就要经济增长;效率与公平不可兼顾,意即经济增长与公平的收入分配是不相容的;市场机制的资源优化配置作用,是可以使贫困问题在经济增长中自行消弭的。然而,结合西方发达国家20世纪70年代的"滞涨"问题,我们得知经济高速增长与高失业、贫困问题是可以并存的,而且市场机制不是万能的,也会有"市场失灵"的情况发生,故而只有通过政府的调节与制度的完善,才能使经济增长的红利更多地惠及贫困人口,才能缓解贫困问题,才能达到共同富裕。

对贫困概念的界定及反贫困理论进行了阐述。通过认真梳理世界上比较具有代表性的反贫困发展理论,并在此基础上阐述

---

① 习近平.在全国脱贫攻坚总结表彰大会上的讲话[N].人民日报,2021—02—26.

我国实现共同富裕的道路选择。精准扶贫的前提条件是对贫困的概念及界定有清晰的认识,通过对扶贫理论基础进行梳理,为我国精准扶贫中的贫困识别与扶贫政策实施提供理论借鉴意义。

三、公平与效率关系

世界百年未有之大变局加速演进。在 2018 年 6 月中央外事工作会议上,习近平总书记提出了一个重大论断,即"当前,我国处于近代以来最好的发展时期,世界处于百年未有之大变局,两者同步交织、相互激荡。"当前,全球化遭遇逆流,保护主义、单边主义抬头,疫情更是加速了国际格局和国际关系的大裂变。在这一背景下,统筹国内国际两个大局,办好中国的事情,扎实推进中华民族伟大复兴战略全局,需要更好地发挥政府作用,促进社会公平和社会稳定,促进共同富裕。"十四五"时期,是我国全面建设社会主义现代化国家新征程的开局起步期,也是世界百年未有之大变局的加速演进期、全球百年未遇之大疫情的持续影响期。在这一阶段中,我国发展环境面临复杂深刻变化,要统筹国内国际两个大局,更需要再次审视和正确处理效率与公平的关系。

效率是一个经济学概念,它指产出与投入对比关系。当产出大于投入时,我们就可以称为有效率。产出越多、投入越小,表明效率就越高,反之亦然。效率有微观和宏观之分,也就是个人利益与集体利益、局部利益与整体利益之间的问题。马克思将之定义为:"劳动生产力的提高,在这里一般是指劳动过程中的这样一种变化,这种变化能缩短生产某种商品的社会必须的劳动时间,从而使较小量的劳动获得生产较大量使用价值的能力。"[①]效率的本质强调发展,是解决社会发展的主要矛盾。效率中的产出与投

---

① 马克思恩格斯全集:第 23 卷[M].北京:人民出版,1972:350.

入都有特定的内涵,特别是其中作为结果的产出,总是看其是否能够满足人们的需要。因此,效率的内涵和要求也在不断变化,它由社会发展到一定阶段的主要矛盾决定,是根据社会发展不同时期人们需要的变化进行调整的。

公平与平等不是一回事。平等是一种状态的描述,如我们常用的基尼系数指标,就是用来描述收入不平等状态的。公平则附加了价值判断情况下对平等状态的认识,它至少包括了机会公平、过程公平和结果公平三个方面,实质是一个不可分割的统一体。相对而言,机会公平和过程公平较之结果公平更为重要。在个人能力禀赋存在差异的现实社会中,绝对平均主义就是典型的平等但不公平现象。因为它抹杀了个体差异。尽管从结果上看貌似平等,但对于那些有创新能力和辛勤劳动的人们则是不公平的。如果有创新能力的人不再创新,辛勤劳动的人不再勤劳,整个社会的经济发展就会陷入停滞甚至倒退。共同富裕就会成为无源之水、无本之木。在这方面,我们也曾有过深刻的教训。"新时代的公平就是要体现中国新时代的战略目标的要求,即只有符合全面建成小康社会要求、符合实现全体人民共同富裕要求,才可以称为公平。"①

公平与效率是扎实推动共同富裕的两个重要价值向度。在实现共同富裕的过程中,坚持以人民为中心,不断满足人民生活需要,本质上是对经济社会中效率与公平统一的追求。公平与效率的均衡发展是促进社会朝高质量方向发展的必然要求。共同富裕的"共同"是指向全体人民的公平,需要把蛋糕分好,让人民的日子越过越好;"富裕"是效率的结果体现,富裕要求蛋糕做大,

① 丁春福,陈彦超.新时代:公平与效率关系解析及政策选择[J].黑龙江社会科学,2018(04):132—135.

持续高效发展经济。公平与效率是一对辩证统一关系,在某种意义上,"共同"是在"富裕"的基础上的"共同","富裕"是在"共同"的目标下的"富裕"。促进共同富裕,要走好高质量发展之路,同时寻求效率与公平兼顾的发展路径。只讲效率不讲公平,不符合共同富裕原则,也背离社会主义初衷。同样,只求公平不要效率,搞平均主义也是不可取的。只有在初次分配中体现机会公平和过程公平,在再分配过程中体现结果公平,同时遵循公平原则实施三次分配,才可在保证公平的同时使其保有对创新和勤劳的激励作用。这不仅有益于整个社会形成正确的公平观,更有益于最终走向公平和效率的统一。

正确处理效率与公平,共筑共富之路

随着中国实践的纵深发展,中国共产党人的理论认识不断深化,在效率和公平的关系处理上也不断改革完善。从历史演进来看,经历了从"公平优先、兼顾效率"到"效率优先、兼顾公平";从"更加注重公平"到"兼顾效率与公平"。

(一)公平优先,兼顾效率阶段。新中国建立以后,我们国家仍然处在生产力低下、经济发展落后、人民生活贫困的窘境之中。在此期间,中国共产党领导了"三大改造",我们党和国家高度重视生产力发展,长期实行单一的计划经济,强调公平优先原则。主要通过对生产资料所有权制度的改革,以公平促进效率。人民当家做主,极大地调动广大人民群众的积极性,促进了工、农、商业的社会变革和整个国民经济的发展。实现了把生产资料私有制转变为社会主义公有制的任务。政治上社会主义的基本制度在我国初步建立;经济上社会主义计划经济在我国基本确立;为我国的社会主义工业化开辟了道路,从此进入社会主义初级阶段。

在改革开放前的计划经济时期,我国的收入分配主要是在国家的计划指导下,遵循平均主义的原则进行"按劳分配",干多干少一个样,干好干坏一个样,这种分配形成不利于个人积极性的调动和生产效率的提高,实际上是一种不公平的分配制度。在追求"公平"分配时,不是以经济杠杆来调控分配公平,而主要以政治和道德的手段强制达到分配结果的公平。这又造成了新的不公平,挫伤了能够创造出更高效率的人们的积极性,结果将不可能调动人们工作和劳动积极性,不可能促进社会生产力的发展。所以改革的必要性。

平均主义虽然可以在短时间内拉平收入差距,表面上实现了分配结果上的平等,但由于不能体现劳动贡献的差别,缺乏机会公平和过程公平,会对人们的劳动积极性主动性创造性产生负向激励,导致有创新能力的人不再创新、辛勤劳动的人不再勤劳,经济发展陷入停滞甚至倒退。搞平均主义非但实现不了共同富裕,还会造成共同贫穷。

(二)效率优先,兼顾公平阶段。1978年党的十一届三中全会对传统的收入分配制度进行了修正,反对平均主义的做法,强调真正意义上的按劳分配,并鼓励一部分人先富起来。随着我国城乡经济体制改革的进行,开始从高度集中统一的计划经济走向有计划的商品经济。1984年党的十二届三中全会通过了《中共中央关于经济体制改革的决定》,提出社会主义经济是公有制基础上有计划的商品经济。1987年党的十三大提出了这一阶段的收入分配原则,即"以按劳分配为主体,其它分配方式为补充"。1992年邓小平南巡讲话指出,计划经济不等于社会主义,资本主义也有计划;市场经济不等于资本主义,社会主义也有市场。在此基础上,我国提出了建立社会主义市场经济体制的目标。1993年中共中央通过了《关于建立社会主义市场经济体制若干问题的决定》,提出个人收入分配要坚持以按劳分配为主体、多种分配方式并存的制度,体现效率优先、兼顾公平的原则。2003年十六届三中全会也提出了要"完善按劳分配为主体、多种分配方式并存的分配制度,坚持效率优先、兼顾公平,各种生产要素按贡献参与分配。"

（三）效率优先,更加注重公平阶段。"十一五"规划提出要加大收入分配调节的力度,提出要更加注重社会公平,加快推进收入分配制度改革,规范个人收入分配秩序,强化对分配结果的监管,努力缓解行业、地区和社会成员间收入分配差距扩大的趋势。之后党的十六届六中全会也提出"在经济发展的基础上,更加注重社会公平"。党的十七大提出了深化收入分配制度改革的目标,认为合理的收入分配制度是社会公平的重要体现,提出要"健全劳动、资本、技术、管理等生产要素按贡献参与分配的制度,初次分配和再分配都要处理好效率和公平的关系,再分配更加注重公平"。并且提出了一系列调节收入分配的措施。这一时期的收入分配制度改革,进一步突出了公平原则,从"效率优先,兼顾公平"发展到"更加注重公平"。

（四）公平与效率兼顾的统一阶段。"十四五"时期,是我国全面建设社会主义现代化国家新征程的开局起步期,也是世界百年未有之大变局的加速演进期、全球百年未遇之大疫情的持续影响期。在这一阶段中,我国发展环境面临复杂深刻变化,要统筹国内国际两个大局,更需要再次审视和正确处理效率与公平的关系。

党的十八大报告指出,必须坚持走共同富裕道路,共同富裕是中国特色社会主义的根本原则,要坚持社会主义基本经济制度和分配制度,调整国民收入分配格局,朝着共同富裕方向稳步前进。十九大提出了新的社会主要矛盾,即"人民日益增长的美好生活需要和不平衡不充分的发展之间的矛盾"。我国的发展不均衡和不充分问题,表明要全面实现社会主义现代化的目标任重而道远。所以,在分配机制方面,要充分发挥政府的作用,当市场分配出现问题时,对其进行及时纠正,兼顾公平与效率。

（五）在百年未有之大变局格局下,兼顾公平与效率,推动实现共同富裕。习近平总书记给出了"坚持以人民为中心的发展思想,在高质量发展中促进共同富裕,正确处理效率和公平的关系"来实现共同富裕的总思路。十九届五中全会在擘画2035年远景目标蓝图中提出"全体人民共同富裕取得更为明显的实质性进展",在改善人民生活品质部分突出强调了"扎实推动共同富裕"。

"我们说的共同富裕是全体人民共同富裕,是人民群众物质生活和精神生活都富裕,不是少数人的富裕,也不是整齐划一的平均主义。"习近平总书记为在新阶段促进共同富裕条件下正确处理公平与效率遵循的基本原则与前进方向

促进共同富裕首先要做大做好"蛋糕",然后切好分好"蛋糕",共同富裕由"共同"和"富裕"两个关键词组成。"富裕"的前提是发展,要求把"蛋糕"做大做好。"共同"体现公平,要求把"蛋糕"切好分好。做大做好"蛋糕"和切好分好"蛋糕",体现的是经济增长和分配、效率和公平的辩证关系。共同富裕只有在坚持发展中才能实现,离开了发展或脱离了富裕这个基础,就谈不上共同富裕。

发展是党执政兴国的第一要务。只有推动经济持续健康发展,才能筑牢扎实推动共同富裕的物质基础。因此,发展经济、把"蛋糕"做大做好仍然是我们的重要任务。只有紧紧抓住经济建

设这个中心,通过全国人民共同奋斗把"蛋糕"做大做好,然后通过合理的制度安排把"蛋糕"切好分好,才能厚植共同富裕基础,最终实现共同富裕。

共同富裕不是搞平均主义,而是要靠共同奋斗,幸福生活都是奋斗出来的,共同富裕要靠勤劳、智慧、创新。

要认识到公平不仅包括结果公平,也包括机会公平和过程公平。既要关注结果公平,缩小收入差距;又要关注机会公平和过程公平,营造尊重劳动、尊重知识、尊重人才、尊重创造的政策体系和制度环境,为人们通过辛勤劳动、诚实劳动、合法经营、创新创业增收致富创造条件,为人们通过奋斗改变命运提供通道。只有在激励勤劳和创新的同时保证公平,才能形成正确的公平观,逐步实现共同富裕。发挥政府在收入分配以及公共服务供给中的作用,量力而为、不搞过头的保障,防止陷入"福利主义"养懒汉的陷阱。

实现共同富裕是一个长期的历史过程,需要分阶段促进共同富裕。我国正处于并长期处于社会主义,不能超越,但也不能无所作为,要尽力而为,全力以赴才能取得大胜,进而实现共同富裕。习近平总书记指出:"要深入研究不同阶段的目标,分阶段促进共同富裕:到'十四五'末,全体人民共同富裕迈出坚实步伐,居民收入和实际消费水平差距逐步缩小。到2035年,全体人民共同富裕取得更为明显的实质性进展,基本公共服务实现均等化。到本世纪中叶,全体人民共同富裕基本实现,居民收入和实际消费水平差距缩小到合理区间。"从"十四五"到本世纪中叶,从全体人民共同富裕迈出坚实步伐到全体人民共同富裕基本实现,促进共同富裕既等不得也急不得,是一个需要耐心、实打实地把一件件事办好,因地制宜地推进共同富裕。

促进共同富裕要植根于社会主义市场经济土壤,坚持社会主义基本经济制度,根本立场是坚持以人民为中心的思想,在高质量发展中促进共同富裕。具体实践是要求正确处理效率与公平的关系,构建初次分配、再分配、三次分配协调配套的基础性制度安排。

政策选择是加大税收、社会保障、转移支付等的调节力度,还是完善公共服务政策制度体系,在教育、医疗、养老、住房等人民群众最关心的领域精准提供基本公共服务,抑或是支持有意愿有能力的企业和个人积极参与公益慈善事业,都要与发展社会主义市场经济有机结合起来,在坚持社会主义基本经济制度的前提下推进。形成中间大两头尖的橄榄型的分配结构,最终实现社会公平正义,促进人的全面发展。

四、共同富裕实现程度的衡量指标体系确立

第四,在开放条件下讲共同富裕,既要注重国际比较,又要强调中国特色。按人均国民总收入划分,目前我国属于中等收入国家。同高收入国家相比,现在我国人均国民总收入按汇率折算约占其1/4,按购买力平价折算约占其1/3,按工农业产品和服务人均消费量计算约占其2/3。我国应当制定既科学又符合国情的共同富裕标准,不能简单同发达国家比人均国民总收入。可以设置共同富裕综合指数,由家庭财产、人均收入、城乡居民收入差距、主要消费品的人均消费量、人均受教育程度、预期寿命、基尼系数等多种指标按一定权重合成,用于分析评价共同富裕进度。

（一）反映物质水平的指标（基尼系数、恩格尔系数、
　　　CPI指数等）

1.恩格尔系数——衡量居民生活水平高低的指标

消费支出是指一个家庭日常生活的全部支出,包括食品、衣

着、家庭设备用品及服务、医疗保健、交通和通讯、娱乐教育文化服务、居住、杂项商品和服务八人类。消费支出反映了居民的消费水平，是很重要的宏观经济学变量，被作为宏观调控的依据之一。

恩格尔系数是国际上通用的衡量居民生活水平高低的一项重要指标。一般来说，在其他条件相同的情况下，恩格尔系数越高，一个国家或家庭生活越贫困；反之，恩格尔系数越小，生活越富裕。

联合国根据恩格尔系数的大小，对世界各国的生活水平设定了一个划分标准：一个国家平均家庭恩格尔系数大于60%为贫穷；50%—60%为温饱；40%—50%为小康；30%—40%属于相对富裕；20%—30%为富足；20%以下为极其富裕。

2.基尼系数——反映贫富差距的曲线

基尼系数是1943年美国经济学家阿尔伯特·赫希曼根据劳伦茨曲线所定义的判断收入分配公平程度的指标，是国际上用来综合考察居民内部收入分配差异状况的一个重要指标。基尼系数的经济含义是指在全部居民收入中，用于进行不平均分配的那部分收入所占的比例。

基尼系数最大为"1"，最小等于"0"。"1"表示居民之间的收入分配绝对不平均，即100%的收入被一个单位的人全部占有了；"0"则表示居民之间的收入分配绝对平均，即人与人之间收入完全平等，没有任何差异。但这两种情况只是在理论上的绝对化形式，在实际生活中一般不会出现。

因此，基尼系数的实际数值只能介于0~1之间，基尼系数越小，收入分配越平均，基尼系数越大，收入分配越不平均。根据瑞士信贷《全球财富报告2021》，2020年全球12.2%的成人人口拥有

84.9％的财富,财富差距极其悬殊。2020年联合国称,世界不平等状况"正在加剧并处于历史最坏水平"。中国收入差距在世界处于中等偏高水平,基尼系数高于0.4这一警戒线;中国财富差距在世界处于中等偏低水平、但快速上升,巴西、俄罗斯、德国、美国财富差距较大,法国、日本、意大利的财富基尼系数较低,跟各经济体收入分配和再分配政策有关。与美国相比,中国收入、财富差距均小于美国。

3. CPI指数——居民消费价格指数

CPI是一个反映居民家庭一般所购买的消费品和服务项目价格水平变动情况的宏观经济指标,是衡量通货膨胀的主要指标之一。它是在特定时段内度量一组代表性消费商品及服务项目的价格水平随时间而变动的相对数,是用来反映居民家庭购买消费商品及服务的价格水平的变动情况。

通货膨胀指的是一般物价的连续上涨,用另一角度来说就是基于相同的金钱,购买力却持续下降,导致生活成本被迫提高。而因为通货膨胀的特性与CPI能显示物价趋势的特征不谋而合,因此CPI也成为衡量通货膨胀的指数,也可以称为通膨指数。

政府会根据CPI指数评估经济现况,决定货币政策、税收政策。同样,CPI运用到消费者层面,可以计算薪资谈判、实质报酬等。CPI包含的成分较多,常见的主要成分为是饮食、住房、服装、交通、医疗、娱乐、教育和通讯、其他商品及服务。当某个类别占比越大,代表该国或地区的消费重心越会放在此类别,当某个类别的占比越小,代表一般消费者越不会把消费花在这上面。而同一个国家的年度CPI组成都有些许的不同,但是基本上成分占比不会相去甚远,以美国2020年和2021年来比较,可以发现最大宗的3大类分别是住房、交通及饮食。

（二）精神文化满足水平的指标

1. HDI 指数——人类发展指数

人类发展指数是联合国开发计划署从 1990 年开始发布的一个指数,用以衡量各国社会经济发展程度的标准,其衡量指标包括:"出生时的预期寿命"、"受教育年限(包括平均受教育年限和预期受教育年限)"、"人均国民总收入"三项。人类发展指数满分是 1,数字越高就意味着发展越好。当然 1 是理想状态的,不可能达到。总的来说人类发展指数还是比较全面的,从预期寿命、教育水平、生活质量等方面来计算出来的,比单纯的人均 GDP 更全面一点。

根据联合国开发计划署在 2020 年 12 月 15 日发布的《2020 人类发展报告》[1]的数据来看,以挪威(0.957,排名第一)为代表的欧洲国家发展较好,数值较高排名靠前,中国人类发展指数达到了 0.761,在 189 个国家(地区)中列排名第 85,进入"高人类发展指数国家"[2]。《报告》指出,中国的人类发展在收入与减贫、健康、教育等各方面都得到了体现,经济的快速增长对人类发展起到了关键作用。

2. "民生三感"的量化设计

习近平在党的十九大报告中强调:"完善公共服务体系,保障群众基本生活,不断满足人民日益增长的美好生活需要,不断促进社会公平正义,形成有效的社会治理、良好的社会秩序,使人民获得感、幸福感、安全感更加充实、更有保障、更可持续。""民生三

---

[1] 数据来源:联合国开发计划署官网 https://www.undp.org/cambodia/publications/2020-human-development-report-'-next-frontier-human-development-and-anthropocene'

[2] 注:根据联合国开发计划署最新的划分标准,人类发展指数在 0.550 以下为低人类发展水平,介于 0.550 和 0.699 之间为中等人类发展水平,介于 0.700—0.799 之间为高人类发展水平,0.800 以上为极高人类发展水平。

感"是指人民的获得感、幸福感、安全感,是衡量美好生活需要满足程度的心理感受指标,它是人民群众在得到物质生活满足后,要实现的一种精神生活状态。

建设智慧社会,出发点和落脚点是满足人民群众日益增长的美好生活需要,尤其需要树立以人民为中心的发展思想,让人民群众有更多的获得感、幸福感、安全感。完善公共服务体系,保障群众基本生活,不断促进社会公平正义,形成有效的社会治理,良好的社会秩序,使人民获得感、幸福感、安全感更加充实、更有保障、更可持续。"民生三感",是当前新形势下时代所赋予我们的重大新课题,也为我们的党和政府提出了新的要求。要实现人民对美好生活的向往,就要以"民生三感"为标尺,以促进发展的平衡性和充分性为手段,着力推进新时代民生建设。

人民的获得感、幸福感、安全感是一个有机的整体,存在着内在的逻辑。获得感、幸福感、安全感并不是孤立分离,互不相关的;他们是相辅相成,有机统一的整体,共同建立在改革成果惠及全体人民的基础之上,这是"民生三感"最重要的物质保障。获得感是幸福感和安全感的基础;幸福感和安全感是获得感的提升;安全感又是获得感和幸福感得以持续的有效保障。准确理解"民生三感"的辩证统一,为满足人民日益增长的美好生活需要提供了行动指南。

获得感。获得感是美好生活的基础,它原来的意思是表示取得某种权益和利益后所产生的满足感,现在多用以指人民群众共享改革成果的感受。全面建成小康社会的评价是一个系统,人民的获得感是其中一个基本衡量指标。从"发展是硬道理"到科学发展观,再到创新、协调、绿色、开放、共享的新发展理念;从强调GDP,到绿色GDP,再到重视人与自然和谐发展;从看重"金山银

山"到"绿水青山就是金山银山",这些理念体现了我们党对发展
内涵理解的深化。发展的最终目的,是在综合提高人民生活水平
基础上增强人民的获得感。收入、教育、住房、环境、医疗、养老等
民生问题,是百姓最关心的问题,即"幼有所育、学有所教、劳有所
得、病有所医、老有所养、住有所居、弱有所扶"。这些方面的获得
感,是幸福感和安全感提升的现实基础。获得感是对物质生活水
平提高的切身感受;获得感慨包括物质层面,也包括精神层面;获
得感的前提是改革发展成果惠及全体人民。

安全感。安全是美好生活的保障。安全感体现人民对稳定
生活的渴望和对安全生活的心理需求,是主体对外界风险性预期
和自身应对危机能力自信度的综合反映。安全感最初表现为人
身、健康、财产、职业、家庭等方面安全的心理感受。随着物质生
活水平的提高,人民对社会生活秩序、社会保障体系、社会公平正
义、国家安全等方面有了更全面的期待和要求。

幸福感。对幸福的追求是人类普遍的愿望。幸福感在学界
分为主观幸福感和心理幸福感。主观幸福感被认为是与快乐感
同义的感受;心理幸福感则是个体通过对自我生存质量进行综合
评价,产生的比较稳定的认知和情感体验。[①]

---

① 卢黎歌,换晓明.对标"民生三感"推进新时代民生建设[J].国家治理,2017
(47):32—35.

第二章　经典马克思主义共同富裕思想

——当前中国共同富裕的理论基础

在人类探索之路上，共同富裕一直是其不懈追求的目标，并在其追求的过程中形成了源远流长的共同富裕理念，这也是人类社会的伟大理想和美好愿景。在形成的过程中，共同富裕经历了从空想社会主义到科学社会主义的过程。空想社会主义关于共同富裕的构想虽然虚无缥缈，但却具有建设性。正因为有空想社会主义的铺垫，马克思主义的共同富裕思想有了科学的启示。马克思主义经典作家对之前共同富裕思想理论进行扬弃，明确了共同富裕的方向，开辟出实现共同富裕的阳光大道，即以公有制为基础的制度基础以及高度发达的社会生产力，从而构成实现共同富裕的动力和保障。

第一节　从空想社会主义到科学社会主义

随着资本主义制度的逐渐形成，西方国家人们的生活也发生了浩大的变化，最主要的表现是生产方式的改变。资本主义生产方式取代了以往旧的生产方式，也即是，工业革命中机器的产生，使得人类社会的生产力相较于以往得到了大幅度的提高,导致新的社会阶层出现,资本主义社会经济得到了空前繁荣。但在资本主义经济高度发达的背后往往隐藏着黑暗的一面,即资产阶级对无产阶级的无情压榨以及剥削。随着工业革命带来的社会生产力的快速发展,资本主义在机器工业时代利用大规模机器生产迅速完成资本的原始积累,进而成为拥有和使用生产资料的统治阶级,无产阶级残酷对待工人。因此,资产阶级和无产阶级的两极分化越来越严重,资产阶级利用机器生产不断榨取工人的剩余价值。无产阶级工人的生活条件日益严峻,阶级对立不断升级。在此条件下,空想社会主义的思潮孕育而生。

空想社会主义的共同富裕理念为了批判和消灭资本主义的财产私有制而提出的。在空想社会主义者的眼中,社会不平等的根本原因就是财产私有制引起的,是造成贫富两极化的罪魁祸首,只有彻底消灭一切私有制度,整个社会才能实现平等,才能在平等的基础上建立更为公正的社会,即财富共同占有、集体共同消费的社会,也就是空想社会主义者理想的共同富裕的社会。从空想社会主义者的共同富裕理念可以看出,被压迫被剥削的无产阶级对于脱离黑暗、向往美好生活的愿望相当迫切。与此同时,也反映了共同富裕具有强大的诱人之力,并预测了未来社会的许多特征和基本原则,以及未来资本主义社会终将被共同富裕的理想社会所取代的发展趋势,指出了人的物质和精神需要才是社会生产的最终目的。尽管空想社会主义者提出创意性极强并具有深厚的文学意蕴的共同富裕理想过于理想化,但是他们敢于对罪恶的资本主义进行深刻的批判以及对未来社会进行大胆猜想,就是为后来者进一步的探索提供了有力的基础,为科学社会主义共同富裕思想的借鉴提供了宝贵的资源。

第一,托马斯·莫尔作为空想社会主义的奠基人,他眼中的社会景象是乌托邦式的理想国度。在经历过"圈地运动""羊吃人"的野蛮和血腥并面对着不合理的社会现实使得莫尔对空想社会主义展开了建构。在1516年,莫尔的经典著作出版了,即《关于最完美的国家制度和乌托邦新岛的既有益又有趣的全书》成为空想社会主义发展史上最具有标志性意义的事件。在这本著作中,莫尔一语道破出了在当前社会中私有制的存在造成的种种影响。[①]莫尔对私有制展开了尖锐的批判,并在此基础上,提出了建立"最完美最和谐的社会制度"的"乌托邦"式的理想社会。[②]莫尔认为的"乌托邦"理应是公有制代替私有制,按需分配,人人平等,并在此基础上实行生产、消费公有形式。莫尔在书中描绘道:"在乌托邦,一切归全民所有,因此只要公仓装满粮食,就绝无人怀疑任何私人会感到什么缺乏。原因是,这儿对物资分配十分慷慨。这儿看不到穷人和乞丐。每人一无所有,而又每人富裕。"[③]因此,在莫尔眼中,共同富裕要想实现,前提条件必须是要彻底消除私有制、建立公有制。他认为,如果私有制不能够彻底废除,也将会导致人们劳动的产品不能得到公平分配,人们将不能获得幸福。私有制只要在社会中存在一天,人类中的一部分将终究摆脱不掉贫困灾难的影子。

第二,16世纪末17世纪初期的意大利空想社会主义者托马斯·康帕内拉提出以"太阳城"命名自己的理想国度。康帕内拉的共同富裕理念也是对私有制展开猛烈批判,要求彻底废除私有制并建立公有制,以此实现共同富裕。为了说明公有制才是具备合

---

① 托马斯·莫尔.乌托邦[M].戴镏龄,译.北京:商务印书馆,1982:117.

② 托马斯·莫尔.乌托邦[M].戴镏龄,译.北京:商务印书馆,1982:44.

③ 托马斯·莫尔.乌托邦[M].戴镏龄,译.北京:商务印书馆,1982:44.

理性的社会制度,康帕内拉从道法自然的角度展开分析,他根据自然法中的万物都是公有的角度推论出"财产公有制"是一种最好的制度,并假设站在一个他人的角度,运用对话的形式,虚构了一个所有的一切都是公有、不分等级、按需分配、共同劳动的公有制的空想社会主义。根据康帕内拉的描述,在公社制度下的太阳城的居民既是富人,又是穷人:他们都是富人,因为大家公有一切;他们都是穷人,因为每个人都没有私有财产。虽然康帕内拉没有也不可能找到通往共同富裕的具体路径,但是,我们仍然能够从康帕内拉的乌托邦社会主义方案里,发现了恩格斯含义中的"天才思想的萌芽"。

第三,经历过法国大革命的圣西门在看到被压迫被剥削的无产阶级并没有得到根本性的变化之后,产生了对革命结果及其不满意。圣西门认为,这场革命仅仅只是变换了这些奴役底层劳动者的劳动方式,并没有彻底消除统治阶级政权的本性。在这样的现实面前,圣西门不得不面对。圣西门认为,在革命者的尸骨上建立的所谓的"新社会制度"的资本主义制度,依旧是那些富裕的资产阶级的天堂,如此重要的革命果实,也改变不了劳动者的苦难生活。他独具慧眼地把法国社会的阶级矛盾高度凝练为"劳动者和游手好闲者之间的对立"[①]。他预言,代替旧社会制度的必将是理想的成果共享的"实业制度"。

第四,法国空想社会主义者傅立叶认为,虽然工人创造了大量产品,但工人的高强度劳动最终被异化为资本滚雪球的富人的足迹,完全"由富裕产生"。与其他空想社会主义者相比,傅立叶在揭露和批判资本主义制度的罪恶方面表现出最彻底、最有力的成就。恩格斯颂之谓:"在傅立叶的著作中,几乎每一页都放射出

① 圣西门选集:上卷[M].何清新,译.北京:商务印书馆,1962:74.

对备受称颂的文明造成的贫困所作的讽刺和批判的火花。"[1]在揭露和批判资本主义罪恶的基础上,1803年傅立叶在所著《全世界和谐》中,大胆提出劳动者能够自由而共享和谐生活的"和谐制度"构想。[2]

第五,19世纪的英国空想社会主义者欧文指出资本主义私有财产,并将包括贫富不平等在内的所有丑陋现象归咎于私有财产。欧文谴责说,"私有财产一直是而且是无数人犯下的罪行和无数人遭受的灾难的根源。"[3]本文在他的《新社会观》、《人类思想和实践中的革命》等著作中,分析了傅立叶的"和谐体系"和圣西门的"工业体系"的不足,勾勒出一个劳动公社体系。这是工人阶级理想社会的工作成果,并对该系统进行了部分实验。

这些思想蕴含着历史唯物主义的理性,为马克思、恩格斯揭示科学社会主义共同富裕内涵提供了重要启示,成为科学社会主义共同富裕理论体系的思想滋养和重要源泉。在创造历史唯物主义和剩余价值理论的基础上,在批判和采纳前人思想特别是空想社会主义理论的基础上,马克思、恩格斯创造了科学社会主义理论,使社会主义也成了空想社会主义。作为这一科学理论体系的基本内容之一的共同富裕的理念,也从构想转向了实践。马克思和恩格斯不仅深入研究和高度概括了人类历史发展的规律,而且揭示了资本主义生产方式的特殊运动规律。通过这次探索,分配不平等和贫富差距的奥秘和关键点被暴露在阳光下。进一步明确了共同富裕的基本路径——以暴力革命推翻资产阶级政权,建立无产阶级政权,以政权的力量伴随社会主义制度的建立,进

---

①　马克思恩格斯选集:第3卷[M].北京:人民出版社,2012:652.

②　傅立叶选集:第3卷[M].汪耀等,译.北京:商务印书馆,1982:21.

③　欧文选集:下卷[M].柯象峰等,译.北京:商务印书馆,1965:13.

而在社会主义共同富裕道路上实现富裕目标正在逐步取得进展。
1848年，马克思、恩格斯发表《共产党宣言》宣告科学社会主义的
诞生，英国空想社会主义的影响力逐渐式微①。

第二节　马克思、恩格斯共同富裕思想内容

马克思和恩格斯的共同富裕理念与空想社会主义者的乌托
邦式大相径庭，其基于现实。马克思和恩格斯在为全人类无产阶
级解放的基础上提出了科学社会主义理论，对于人类历史来说是
首创之举。马克思和恩格斯的共同富裕思想简单概括为所有社
会成员的经济充裕、以公有制为基础的社会主义制度是共同富裕
的必要制度基础以及高度发达的社会生产力是共同富裕的物质
基础。为了对马克思和恩格斯的共同富裕思想进行深入研究，进
一步挖掘马克思与恩格斯的共同富裕，本文主要从《共产党宣
言》《资本论》以及《哥达纲领批判》等著作中的论述作为依据，深
入研究社会主义初级阶段的共同富裕思想。

**一、《共产党宣言》：人的自由而全面发展，提出"自由人联
合体"**

人类解放是实现共同富裕的逻辑必然，人只有自由而全面发
展了，才是实现共同富裕的前提条件。人类解放与共同富裕之间
存在包括与被包括的关系，共同富裕是人类解放的客观基础，人
类解放又是实现共同富裕的目标追求。"人类"所蕴含的普遍性意

---

① 中央编译局世界所课题组.世界社会主义五百年：党员干部读本[M].北京：新
华出版社,2014:6—18.

义在"共同"一词中一针见血地指出,它对一些私有形式,比如,垄断、特权、独占等进行直接否定,并对资本主义私有制在特殊阶级上的故意偏袒进行有力地批判。解放一词概念中也包括富裕的概念,其含义包含多方面的维度,比如,政治解放、经济解放、文化解放等。马克思与恩格斯认为,所有人需要自由发展的条件必定是每个人都具有自由发展,也即将是"自由人联合体"。在未来社会,自由人联合体取代存在阶级对立的资本主义社会,每个人的自由发展和一切人的自由发展高度统一、互为条件和目的。

马克思、恩格斯认为,真正的自由不是少数人的自由,而是社会中每一个人的自由。这就意味着真正的自由是全面的自由。一方面,人追求和实现自由的过程是认识世界、了解世界、改变世界的实践过程。人在与客观世界的互动中,积极地行使自己的主观能动性,积极地为自由的实现而奋斗和创造条件,进而创造出相应的物质事物。财富和精神财富促进社会的发展和进步。另一方面,社会发展的最终目标是赋予每个人自由发展的权利。本质上,社会生产方式和生产关系的转变在于使人们认识人性,引导人们更加自觉和自由地工作。总之,人的自由与全面发展与社会发展是相辅相成、有机联系的。人的自由和全面发展以社会发展为基础,社会发展以人的自由和全面发展为最终目标。但是,在资本主义社会中,"把人的尊严变成了交换价值,用一种没有良心的贸易自由代替了无数特许的和自力挣得的自由"。这种"自由"是资本家进行商品生产、追逐剩余价值、剥削工人的自由,即是少数资产阶级的自由。受到资本主义社会制度的限制,广大无产阶级和穷人阶层并无真正的自由可言。

诚然,人的自由全面发展是共同富裕的目标路向,而联合行动又是实现共同富裕的实践原则。为了实现全人类的普遍解放,马克思提出全世界无产阶级联合行动起来的主张,"联合的行动,至少是各文明国家的联合的行动,是无产阶级获得解放的首要条件之一。"①在无产阶级革命尚未胜利的时代,联合经历了三个阶段,即先是劳动者组成同盟,其次是劳动者联合为无产阶级,最后经历了全世界无产阶级大联合。因为,个人在争取自由的过程中,必须自觉地建设共同体,在实现共同体自由的状态下才能实现自身的自由。作为个体的每个个体无论是在物质生产和使用中,还是在精神和文化上的快乐和满足中都离不开集体。对于个人而言,最高层次的自由人、社区的联合,可以引导个人在工作中实现个人价值和社会价值,在回归自我的过程中充分实现自身的发展。但从人类社会发展的进程来看,个体在自由发展的过程中往往受到历史的制约而无法实现真正的自由。不同的是,当每个个体组成联合体,作为最高层次的共同体时,自由人联合体就会发挥最大的价值,以拥有极大的物质以及精神财富作为基础,为个人的自由提供了真正的支撑。

在无产阶级革命胜利以后,人与人之间的关系变成了相互平等且相互依赖,因为人们组成了一个强大的联合体,有了一致的利益与共同的目标,即一起消灭雇佣劳动、一起发展生产力、一起占有生产资料以及共享社会财富。"只有在共同体中,个人才能获得全面发展其才能的手段,也就是说,只有在共同体中才可能有个人自由。……在真正的共同体的条件下,各个人在自己的联合中并通过这种联合获得自己的自由。"②也就是说,在消灭私有制的共产主义社会,联合起来的个人共同占有和控制社会生产资料,按社会需要有计划地生产和自由交换,在物质财富充分涌流

---

① 马克思恩格斯文集:第2卷[M].北京:人民出版社,2009:50.

② 马克思恩格斯文集:第1卷[M].北京:人民出版社,2009:571.

基础上按个人需要分配消费品,每个人的个性得到自由发展。正是在这样的"自由人联合体"中,人们因为共享共有而实现了共同富裕,因为个性自由与全面发展而实现了人类解放。

无产阶级革命的最终目的不是无产阶级专政,而是全人类的解放才是革命的真正目的。未来社会的美好生活是以共同富裕为前提的,这是理想社会的形式要求。生产性工作是实现共同繁荣的必要手段,生产方式的进步提高了共同富裕水平。

二、《资本论》:从人与人以及人与自然的关系概括共产主义社会

（一）共同富裕是社会主义的本质要求

马克思的共同富裕理念是基于对资本主义经济制度弊端的深刻揭露,并站在未来社会经济制度的视角上提出的。马克思在考察资本主义生产方式及其相应的生产交换关系时,发现了资本积累的一般规律,科学地解释了资本主义社会两极分化的根源。资本主义社会的生产力随着资本的积累而发展,资本积累也随着资本主义社会生产力的发展而发展。这两种经济因素由于这种相互递进的复杂关系,导致资本的技术构成发生变化,从而使资本的可变部分越来越小于不变部分,从而使相对过剩的人口或产业后备军积累的范围和能力总是平衡的规律,把劳动者钉在了资本上,比赫菲斯托斯的楔子把普罗米修斯钉在了岩石上还要牢固,这一规律制约着同资本积累相适应的贫困积累。

基于此,两极分化与资本主义私有制上发生的资本运动以及资本无偿占有雇佣劳动者创造的剩余价值有着必然的联系。两极分化可以认为一极是财富的积累,另一极是贫困、奴役、道德堕

落的积累,并把劳动的产品当作资本去生产的阶级方面。①马克思与恩格斯在《共产党宣言》中指出:"现代资产阶级私有制是基于阶级对立的产品的生产和占有,是另一些人对某些人的剥削,最终的、最完整的表现。从这个意义上说,共产党人可以把自己的理论概括为一句话:消灭私有制。"②资本积累的历史趋势就是资本主义私有制被社会所有制取代。

随着资本主义私有制的消除,资本主义财富分配的两极分化是否消除了? 马克思指出,社会主义社会应该在资本主义时代的成就基础上,合作及靠劳动本身生产的生产资料的共同占有的基础上,重新建立个人所有制。《资本论》的主要结论是在土地所有权和劳动本身生产的生产资料共享的基础上,代表了马克思主义共享富裕思想最权威的理论阐述。从某种意义上说,《资本论》是社会主义共同富裕理论的科学证据。在马克思看来,以社会财产代替私有财产代表了历史的必然性,并且实现了全体社会成员占有全部生产资料,劳动者在生产资料占有上"处于社会成员地位"③也就是说,两极分化的制度性基础就被彻底消灭了,以此为劳动者生产生活资料奠定了基础。在《资本论》第一卷中,马克思运用自由人联合体作为例子,对未来社会的经济制度、经济运行方式以及分配方式作出更为系统的说明去解释了在生产资料社会所有制基础上生活资料的个人所有制是如何实现的。

马克思设想在未来的社会主义社会中,工人将团结起来,使用公共生产资料生产全部社会产品,社会总产品的一部分将作为社会所有的生产资料再利用,另一部分作为社会所有的生产资料

---

① 马克思恩格斯文集:第5卷[M].北京:人民出版社,2009:744.

② 马克思恩格斯文集:第2卷[M].北京:人民出版社,2009:45.

③ 马克思恩格斯文集:第3卷[M].北京:人民出版社,2009:433.

被联合体成员的支配。劳动者在共同产品的个人消费品部分中所占的份额,是由在社会总产品中占有份额的劳动者的工作时间与为社会提供的时间成比例决定的。这样,作为资本主义私有财产的必然结果的两极分化就被消除了,取而代之的是个人拥有以社会所有制为基础的生活资料,通过劳动分享全部社会产品。未来,社会主义社会劳动者通过按劳分配而实现的生活资料个人所有,是共同富裕的制度形式。共同富裕是生产资料社会所有制基础上的生产资料个人所有制,是在社会全体成员拥有一切生产资料的基础上,按劳分配的生产资料平等所有制的状态。共同富裕是社会主义最本质的特征。

（二）以公有制为基础是实现共同富裕的制度基础

实现共同富裕意味着财富是人民的共同财产,人民有权参与财富的分配,目标是实现财富按人民的需要分配。在《资本论》中,生产关系代表了财富生产过程中人与人之间的关系,并通过财富的分配来表现。而生产与分配之间又存在着决定与被决定的关系,但实质上他们的关系是一致的。生产的比例决定了分配的比例,基本上两者的比例是"一致的"。[①]在增值生产方式中,资本家雇佣工人生产财富后,只付给工人劳动价值,并无偿占用工人创造的剩余价值。而工人只能依靠自己获得的劳动力价值去购买他们自己生活所必需的使用价值。

基于此可以得知,在资本主义社会中,财富分配的方式并不是由"直接生产者"也就是劳动者所主导的,而是由这些财富的拥有者占据主导权,主要是通过劳动力的价值与剩余价值的形式进行财富的分配。从该分配方式中表现出来的是一种工人在经济上从属于资本家的关系。这种经济关系则表明了工人对财富分

---

① 马克思恩格斯文集:第7卷[M].北京:人民出版社,2009:994.

配的权力是由资本家即生产资料所有者所给予的,他本身是不具备参与财富分配的资格。因此,在二者的关系中具有决定性作用的还是当前社会所具备的制度基础,即生产资料私有制形式。

在《资本论》中,生产资料的所有权如若归资本家所有,那在财富生产的整个过程中都会由资本家支配工人,并且生产资料所有权的背后是私有制,而私有制又是把"直接生产者"即劳动者与生产资料分开的根本原因。这也从侧面反映出,"直接生产者"即劳动者与财富之间的鸿沟将会越来越大,他不仅不能够直接创造财富,更不能拥有财富,因此只能接受资本家的雇佣。资本家主要依据雇佣工人的情况来决定工人的财富分配。比如说,工人是否可以分配财富,哪些工人可以分配,何时分配,分配多少等。而资本家依靠生产资料来维持工人劳动创造的财富,在古典经济学家看来,这是极其合理的。比如亚当·斯密认为,财富是由不同的要素产生的,不同要素的所有者根据自己拥有的要素分配财富是合法的。他把这种财富分配方式作为要素的"收入"。[1]劳动要素、资本要素以及土地要素的收入分别形成工资、利润和地租。这三个收入属于三个不同项目的所有者。但是,《资本论》中指出,这种看似公平合理的财富分配其实是一种不平等的生产关系。

首先,生产资料属于小部分资本家,不属于全体人民,这本身就是一种内在的不平等。而且生产资料作为财富生产不可缺少的要素,自然会赋予其所有者生产和分配财富的权利,因此只有当生产资料为全民所有时,人民才能拥有全部财富,才能享有和保障这一权利。其次,资本家对生产资料的所有权拥有传承的权

---

① 亚当·斯密.国民财富的性质和原因的研究(卷)[M].郭大力,王亚南,译.北京:商务印书馆,1972:47.

力,他们如若握有生产资料,继而将会把所有权世袭下去,最终必定会造成人生而不平等。我们已经知道,资产阶级通过对生产资料的所有权无偿占有剩余价值来分配财富。事实上,资产阶级的生产资料构成资本,剩余价值就是亚当·斯密所说的资本要素的收入。这种收入通常随着资本规模的增加而增长,所以每次资本家获得剩余价值时,资本家就转化为资本,扩大了资本要素的收入。这就是"资本积累"。①

《资本论》中指出,资本家主要通过资本要素参与财富分配,而工人通过劳动要素参与财富分配,但这两种因素在参与财富分配时却存在着巨大的差异,即资本要素可以无限积累,而劳动因素不能完成积累。这主要是因为资本要素是可以借助实物获得的物化劳动,而劳动要素是可以生产但不能获得的活劳动。因此,资本家每完成一次资本周转,资本就会像"滚雪球"一样增长,让资本家可以用更多的资本来分配更大份额的财富。基于生产资料私有制的世袭权,资产阶级的下一代和工人阶级的下一代在财富分配中的主劣优势将有巨大的明显。由此可见,生产资料私有制决定了资本家在财富分配上具有绝对优势,而只有劳动要素的工人阶级逐渐被资产阶级排除在财富分配之外。因此,随着时间的推移,财富往往越来越集中在少数人手中。资产阶级和工人阶级之间的不平等生产关系,恰恰是生产资料私有制的结果。

《资本论》中指出,财富的公平分配以及财富本身、财富的生产的发展将会受到生产资料私有制的存在不仅会严重阻碍财富的公平分配,还会对财富和财富生产产生破坏性影响。从财富生产的角度,我们已经知道,在以生产资料私有制为基础的雇佣关系中,劳动者创造的总价值包括劳动价值和剩余价值。其中,劳

---

① 马克思恩格斯文集:第5卷[M].北京:人民出版社,2009:822.

动力价值用于购买粮食,剩余价值用于购买生产资料。但是,从财富的需求方来看,劳动力用于购买食品的价值本质上是消费,而用于购买生产资料的剩余价值则转化为资本以扩大再生产。可以看出,这部分转化为资本的剩余价值还没有被消耗掉,这就意味着生产和需求必然会变得不平衡,从而导致生产过剩。当生产和需求达到一定水平时,这种生产过剩就会以危机的形式爆发。事实上,生产过剩本身并不是"祸害"。[①]因为在以使用价值为导向的生产方式中,生产过剩意味着生产力能够保证人们对财富的需要。但是,在以增值为导向的生产方式中,生产过剩不仅意味着财富的毁灭,还意味着生产力的毁灭。

《资本论》指出,生产与需求的不平衡,本质上是生产力与生产关系在逐步发展过程中内在矛盾的结果。随着生产力的发展,社会生产财富的能力越来越强,但在以财产为基础的生产关系中,消费需求却越来越受到财富分配不合理的制约。因此,以私有财产为基础的生产关系中的生产与需求矛盾只能通过消灭财富来解决,但这种解决办法也只是表面上达到生产与需求的平衡,因此生产过剩的危机不可避免地会周期性地发生。这也意味着财富也必须定期被抹去。但是,从根本上解决这个问题,生产关系适应生产力的发展是关键问题。

在《资本论》中,要解决生产力与生产关系的内在矛盾,需要使得生产资料为"社会所有",也就是说整个社会需要建立以生产资料公有制为基础的生产关系,达到生产和需求的一个平衡状态,才能避免财富被毁灭[②]因为只有当生产资料为"社会所有"时,阶级之间将不会存在生产关系的对立,而且两个阶级之间的剥削

---

① 马克思恩格斯文集:第6卷[M].北京:人民出版社,2009:525.

② 马克思恩格斯文集:第5卷[M].北京:人民出版社,2009:874.

与被剥削的情况的也不会存在,到那时,整个社会的民众将会成为直接的劳动者,并且是劳动者与生产资料相结合,这也就说明财富的生产者和财富的所有者是同一的。在这种生产关系基础上,财富的分配将会按照劳动创造价值进行分配,不会以剩余价值和劳动力的价值进行分配,因为劳动者本身就是财富的所有者,所以财富的分配也将会按照劳动者创造的财富总量进行分配。也就是说,当财富的生产能力越强大的时候,劳动者所获得的财富也将会越多,并且自身的需求不会再受限制于自身的支付能力。但是如若是在私有制的生产关系下,财富的生产能力越强,劳动者获得的财富会越来越少。基于此,要想全体人民达到共同富裕,其生产资料必须为"社会所有",为直接劳动者所有,并建立以公有制为基础的生产资料所有制。

（三）高度发达的社会生产力是实现共同富裕的物质基础

《资本论》中指出,要实现社会主义共同富裕,其制度基础需要是生产资料社会所有制,而未来社会共同富裕的物质基础则必须是具备高度发达的社会生产力,因为一个社会的富裕程度决定了社会可供分配的成果。马克思在《政治经济学批判导言》中指出:"分配本身是生产的产物,不仅就对象说是如此,而且就形式说也是如此。就对象说,能分配的只是生产的。"[①]也就是说,高度发达的生产力是可供社会总产品进行充裕分配的必要条件,由此才会实现共同富裕。而资本主义时代又为无产阶级提供了实现共同富裕的物质基础。

共同富裕的物质基础是资本主义时代下,资产阶级创造的,并且由无产阶级继承后进一步发展的。马克思说:"资产阶级历史时期负有为新世界创造物质基础的使命:一方面要造成以全人类互

————————
① 马克思恩格斯文集:第8卷[M].北京:人民出版社,2009:19.

相依赖为基础的普遍交往,以及进行这种交往的工具;另一方面要发展人的生产力,把物质生产变成对自然力的科学支配。资产阶级的工业和商业正为新世界创造这些物质条件。"①资本之所以能够存在,其最辉煌的成就就是为社会创造了巨大的生产力。

马克思与恩格斯在《共产党宣言》中说道:"资产阶级在他们所处的历史时代中创造的生产力比之前所有世代创造的全部生产力要多得多,大得多。"②资产阶级也不是给社会全无好处,他们最大的优势之处在于为社会创造了巨大的社会劳动生产力,但也正因为资本主义创造了巨大的社会生产力,将不可避免地加深两极分化的程度,造成阶级之间的对立。而在资本主义的条件下,生产力的无限增加,会给人们建立社会制度,并且在这种社会制度下,所有生活必需品都会生产的越来越多,也会使得每一个社会成员都能够自由发展且释放出他们本身全部的力量以及潜能。

因此,"一个国家的工业是否发达,是否有较多财富以及生产力"③与无产阶级革命以及建立社会所有制、实现共同富裕所具备的物质条件息息相关。但是资本主义又是不可或缺的时代,因为在资本主义时代,才能建立高度发达的社会生产力的物质基础,才能使得社会的每一个成员对社会的财富分配以及生产进行参与,并且加上有计划地经营,使得社会生产力得到不断提高,才能不断满足社会成员的需求。

当人们在资本主义时代的成就的基础上,在生产资料社会所有制的基础上,按照社会总体和每个成员的需要对生产进行的社会的有计划地调节的时候,资本主义的占有方式,"就让位于那种

①　马克思恩格斯文集:第2卷[M].北京:人民出版社,2009:691.

②　马克思恩格斯文集:第2卷[M].北京:人民出版社,2009:36.

③　马克思恩格斯文集:第1卷[M].北京:人民出版社,2009:687.

以现代生产资料的本性为基础的产品占有方式：一方面由社会直接占有，作为维持和扩大生产的资料，另一方面由个人直接占有，作为生活资料和享受资料"①。由此，资本主义时代的成就是高度发达的社会生产力是物质基础。

三、《哥达纲领批判》：未来社会生产资料的收入分配的公平正义

不仅《资本论》有丰富的共同富裕思想，在《哥达纲领批判》中马克思还结合未来社会的经济运行对共产主义社会两个阶段的共同富裕作了更为详细的说明。马克思指出，在"以生产资料公有制为基础的集体社会"中，个人劳动直接作为总劳动的一部分存在，"集体劳动收入是社会的总产品"。扣除社会总产品的分配：用于抵消消耗的生产资料的部分；扩大生产的额外零件；用于事故、自然灾害等的储备基金或保险基金，社会总产品的另一部分则用于谋生。在对剩余的全部产品进行个人分销之前，必须扣除：第一，与生产没有直接关系的总务和行政费用．第二，用于满足共同需求的部分，如学校、卫生设施等。第三，为无法工作的人提供的资金．只有在扣除之后，我们才能谈论分配给集体生产者的那部分粮食。

在未来社会的经济运行中，每个劳动者不仅可以共同占有全部生产资料，而且还作为私人地位的生产者而存在。并且在未来社会里面，劳动者依据自身不等的个人天赋从事不等的工作，这是天生的权力，从而劳动者会根据不等的劳动量要求社会给予相适应的报酬。劳动者在经济运行中作为私人地位的生产者，必须要反映出来。劳动者被视为"处于私人地位的生产者"的定性一定会在经济运作的过程中体现出来。劳动者的工作量不仅仅是

---

① 马克思恩格斯文集：第3卷[M].北京:人民出版社,2009:561.

衡量劳动生产者在共同劳动中个人所占的份额,而且还是衡量劳动生产者在共同产品中的个人可消费中所占的份额。

例如说,在资本主义社会生产方式中的特点是:"生产的物质条件以资本和地产的形式掌握在非劳动者手中,而人民大众所有的只是生产的人身条件,及劳动力。既然生产的要素是这样分配的,那么自然就产生现在这样的消费资料的分配"。①马克思认为,"公平分配劳动收入"和"真实劳动收入"在资本主义甚至共产主义社会是一个空想。在资本主义中,主宰主要生产数据的资本家在生产过程和过程中都获得了相对资本家的优势。即使在共产主义社会,所有产品的总成本也在扣除资产价格和价格之后留下了,从而增加了新生产能力并导致消费和社会基金的积累,剩下的收入也应该被分配给工人。工人的分配也应当保证劳动力或需求。

因为,此时"在迫使个人奴役般地服从分工的情形已经消失,从而脑力劳动和体力劳动的对立也随之消失之后;在劳动已经不仅仅是谋生的手段,而且本身成了生活的第一需要之后;在随着个人的全面发展,他们的生产力也增长起来,而集体财富的一切源泉充分涌流之后,——只有在那个时候,才能完全超出资产阶级权利的狭隘眼界,社会才能在自己的旗帜上写上:各尽所能,按需分配"。②

第三节　列宁、斯大林共同富裕理论的主要内容

1917年,震撼世界的十月革命轰轰烈烈地取得了胜利,并在

---

① 马克思.哥达纲领批判[M].北京:人民出版社,2015:6—17.

② 马克思.哥达纲领批判[M].北京:人民出版社,2015:16.

列宁的领导下,人类历史上第一个社会主义国家照进现实,社会主义也实现了从理论到实践的飞跃,将马克思主义逐渐推向了新的阶段。列宁不仅在"一国胜利"论上发展马克思主义,而且还提出了如何建设社会主义国家的共同富裕上丰富和发展了马克思主义。列宁在探索社会主义共同富裕的道路上,不仅可以巩固苏维埃俄国的政权,还在很大程度上对经济文化不发达的社会主义国家实现共同富裕提供了丰富的宝贵经验,具有十分重要的引领作用。

首先,他们先对共同富裕与社会主义之间的关系入手,论述社会主义的目的,使得全体人民了解到要想实现共同富裕,必须先了解共同富裕和社会主义存在什么样的关系以及社会主义生产的目的需要保证最大限度地满足整个社会经常增长的物质文化需要的思想,还明确了共同富裕在社会主义社会理论中的地位。列宁认为:"新的、更好的社会里不应该有穷有富,大家都应该做工,共同劳动的成果不应该为一小撮富人享受,应该归全体劳动者享受"[1],"只有社会主义才可能广泛推行和真正支配根据科学原则进行的产品的社会生产和分配,以便使所有劳动者过最美好、最幸福的生活。"[2]斯大林也认为:"社会主义不是要大家贫困,而是要消灭贫困,为社会全体成员建立富裕的和文明的生活。"[3]

基于此,可以得知社会主义生产的目的就是为了消除贫困现象,使得穷人的生活水平逐渐提高,达到富裕生活水平,最大限度上满足整个社会经济增长的物质文化需要。但是为了达到社会

---

① 列宁全集:第7卷[M].北京:人民出版社,1987:112.

② 列宁全集:第34卷[M].北京:人民出版社,1987:356.

③ 斯大林选集:(下)卷[M].北京:人民出版社,1979:337.

主义生产目的,需要有高度发达的生产力,强大的技术手段,提高社会主义生产的增长与完善。因此,斯大林还把社会主义生产目的和达到此目的的手段概括为"社会主义的基本经济规律",这也是第一次具体地表明了共同富裕在社会主义社会中的地位和作用。

其次,他们认为只有发展社会生产力了,消灭私有制,才能实现共同富裕,才能建立公有制的社会主义制度,以此达到全体人民过好幸福日子,实现美好的富裕生活的理想生活。在列宁看来,能够突出表现社会在不断进步的标准就是生产力的不断发展,他认为"劳动生产率,归根到底是保证社会制度胜利的最重要的武器"①斯大林也认为"社会主义只有在社会生产力高度发达的基础上以及产品和商品、劳动者的生活情况——富裕的基础上,在文化水平大幅度并且迅速提高的基础上才能建成,因为斯大林认为社会主义需要满足具有高度文化的劳动人民的一切需要"②与此同时,斯大林在人民群众中证明了只有实行社会主义社会,才会摆脱贫穷以及获得幸福。他认为,"农民根据地位来说是非社会主义性的,但是,他们未来的路一定会是社会主义,并且也应当走上这条路,因为除了和无产阶级结合,除了和社会主义工业结合,除了通过农民普遍合作化,把农民经济引上社会主义发展的总轨道以外,没有而且不可能有其他足以使农民免于贫困和破产的道路。"③因此,社会主义是苏联人民摆脱贫穷通往富裕的唯一道路。

接着,他们对全体人民在社会主义社会中的富裕程度差异性

---

① 斯大林全集:第13卷[M].北京:人民出版社,1987:318.
② 列宁选集:第4卷[M].北京:人民出版社,1987:16.
③ 斯大林文选:(上)卷[M].北京:人民出版社,1962:450.

作出比较,表明了社会主义和资本主义达到富裕方式的根本不同,把实现个体人民富裕和社会主义制度的优越性联系了起来。列宁认为,在社会主义关于公平和平等暂时还达不到,"因为人们之间富裕的程度具有差异性,而这种差异性会造成不公平。"①因为在社会主义社会中,全体人员可以在不夺取他人劳动的情况下达到富裕的程度。列宁据此表明了在社会主义社会中,人们之间的富裕程度有所不同,社会主义和资本主义达到富裕的方式也不同,即社会主义是通过生产和分配的原则使得人民达到共同富裕,资本主义则是通过夺取他人的剩余价值而使得少数人达到富裕的程度。而斯大林做出了实际行动,他把实现共同富裕作为社会主义建设的任务。"如果我们勤勤恳恳地劳作,不为他人,只为自己以及自己的集体农庄勤恳地劳作的话,我们能在两三年内,把从前的贫农、中农在内的全体集体农庄庄员都能提高到富裕农民的水平,享受之前未想过的丰富产品,过着完全文明人的水平。这就是我们当前的任务,是我们能够做到的,并且是不惜一切代价必须做到的。"②斯大林认为,达到全体人民共同富裕,需要战胜的不仅仅是资本主义,还要把共产主义的远大理想变为现实,把共同富裕和社会主义优越性联系起来。

最后,斯大林关于实现共同富裕的路径进行了积极的探索。在斯大林看来,人民要想达到全体共同富裕的目标,首先需要做到生产资料高度公有化,采取最集中最统一的计划经济手段,推动生产力的发展;必须坚持社会主义公有制,坚持与单一公有制相适应的单一按劳分配制度,是使人民群众摆脱贫困,实现共同富裕的关键。"只有公共的大生产才能充分利用科学成就和新技

---

① 列宁全集:第31卷[M].北京:人民出版社,1987:89.
② 斯大林选集:(下)卷[M].北京:人民出版社,1979:323.

术 "①，才能找到实现社会主义生产目的的手段；"不实行集体化，就不能把我国引向建成社会主义经济基础的康庄大道，就不能使千百万劳动农民摆脱贫困和愚昧。"②正因为如此，斯大林把公有制等同于社会主义，把坚持公有制、坚持按劳分配、坚持计划经济等同于坚持社会主义。在实践中，实行高度集中、高度集权的社会主义体制，实行单一社会主义公有制和按劳分配制度，坚持优先发展重工业的工业化战略，坚持全盘集体化运动，以求建立实现共同富裕的强大物质基础和制度基础，以求短期实现全体人民的同步富裕，显示社会主义的优越性，从而战胜资本主义，是为了使人民生活得到改善和提高，而且还能通过发挥社会主义优越性来。

第四节　经典马克思主义共同富裕理论
对当前中国共同富裕思想的启示

马克思主义是行动的指南。恩格斯就曾说过："马克思的整个世界观不是教义，而是方法。它提供的不是现成的教条，而是进一步研究的出发点和供这种研究使用的方法。"③马克思主义共同富裕思想丰富且深刻，其科学性和真理性不断得到验证，对于我国促进实现共同富裕依然具有突出的理论指导价值。

一、准确把握共同富裕的历史方位

为了推进共同富裕，我们必须首先明确发展阶段和基本国

① 斯大林选集：(下)卷[M].北京：人民出版社，1979:156.
② 斯大林全集：第13卷[M].北京：人民出版社，1987:171—172.
③ 马克思恩格斯选集：第4卷[M].北京：人民出版社，1995:742—743.

情。马克思主义深刻揭示了共同富裕的历史和阶段,区分了在社会主义和共产主义两个阶段中实现共同富裕的关键所在。

中国共产党人在改革开放实践中提出了社会主义初级阶段理论,并创造性地提出现阶段的共同富裕是社会主义初级阶段的共同富裕。邓小平指出:"社会主义本身是共产主义的初级阶段,而我们中国又处在社会主义的初级阶段,就是不发达的阶段。一切都要从这个实际出发,根据这个实际来制订规划。"①在改革开放后,我国对于共同富裕的认知,即社会主义的最大优越性以及本质要求。党的十八大以来,以习近平同志为核心的党中央不仅从社会主义的一般原则导向出发强调共同富裕的重大意义,还明确现阶段共同富裕的历史方位是社会主义初级阶段,强调立足社会主义初级阶段基本国情系统谋划推进共同富裕。

正如习近平总书记在2016年1月指出的:"我国正处于并将长期处于社会主义初级阶段,我们不能做超越阶段的事情,但也不是说在逐步实现共同富裕方面就无所作为,而是要根据现有条件把能做的事情尽量做起来,积小胜为大胜,不断朝着全体人民共同富裕的目标前进。"②要推进共同富裕,就需要适当了解国家的基本特点和社会主义的早期阶段。我们根据共同富裕的基本原则制定了促进共同富裕的战略方法。发展生产力和生产关系的社会主义和先进社会主义非常不同。在社会主义早期,生产力的发展还不足以满足所有人的需要。

因此,社会主义初级阶段的共同富裕与发达的社会主义阶段的共同富裕自然存在很大区别,二者的物质基础和制度基础有较大差异。尽管我们的GDP现在超过了100万亿美元,但人均GDP

---

① 邓小平文选:第3卷[M].北京:人民出版社,1993:252.
② 十八大以来重要文献选编:(下)[M].北京:中央文献出版,2018:169.

超过了1万美元,显著提高了社会生产率,但这只是我们社会主义初期的一个部分变化。我们国家不发达的生产力仍然没有根本改变,GDP和发达资本主义国家之间仍然存在着巨大的差异,社会主义经济关系仍然不完美,等等。为了促进新时代的繁荣,必须在基本条件中考虑到新阶段发展的条件和环境,确定战略目标和优先事项。对在一个社会主义现代国家建设新的发展阶段作出有意义的贡献,即有步骤地扎实推进共同富裕:到"十四五"末,全体人民共同富裕迈出坚实步伐,居民收入和实际消费水平差距逐步缩小;到2035年,全体人民共同富裕取得更为明显的实质性进展,基本公共服务实现均等化;到21世纪中叶,全体人民共同富裕基本实现,居民收入和实际消费水平差距缩小到合理区间[1]。在我国社会主义从初级阶段迈入中级阶段乃至高级阶段后,进而谋划实现更高阶段、更高水平的共同富裕。

二、科学认识现阶段共同富裕的基本内涵

第一,共同富裕就是整个中国人民的富裕。马克思主义的创建者把人类解放想成一个整体,而科学则认为如果社会主义能够取代世界各地的资本主义,那么人人都会繁荣。集体组织是人的集体,作为集体的成员。而我们国家的经济和文化传统都相对薄弱,可以带头建设社会主义。长期以来,我们的国家一直面临着来自世界资本主义的强大压力,因此我们必须在社会主义的早期阶段着手实现现代化。共同致富是我国社会主义现代化的一个重要目标。作为一个群体,我们称作"集体"的大多数人口只有代表中国人民才能组成。这既继承了马克思主义关于共同富裕主体的普遍性与整体性的思想,又具有鲜明的时代特色与中国特

---

① 习近平.扎实推动共同富裕[J].求是,2021(20):4—8.

色。正如习近平总书记多次强调的,"我们追求的发展是造福人民的发展,我们追求的富裕是全体人民共同富裕"①。对于共同富裕的内涵有着明确的了解,第一件事要做的是突出主体,即中国人民。在新时代,共同富裕的主体不仅有城市居民,还包括农村居民以及东部地区、中西部地区、先富起来以及还没有富起来的全体人民。总之,共同富裕不是少数人享有富裕生活,而是全体人民都可以享有富足的生活。

第二,共同富裕是人的全面发展的共同富裕。马克思主义追求的理想是摆脱了"人的依赖关系"和"物的依赖性"。在社会主义初级阶段,中国虽然还没有完全摆脱商品经济条件下物质依附性的束缚,但已经为人的全面发展创造了多方面的基础和条件。新时代人民对美好生活的向往日益得到充分全面满足,人的全面发展在共同富裕中不断得到促进。人的全面发展和全体人民的共同富裕是相辅相成、相辅相成的。习近平总书记关于共同富裕的系列重要讲话都将促进人的全面发展与全体人民共同富裕紧密联系在一起。2021年8月,习近平总书记在中央财经委员会第十次会议讲话时强调,共同富裕是"人民群众物质生活和精神生活都富裕"②。强调共同富裕的内容是物质生活和精神生活的全面富裕,这也是促进人的全面发展的内在要求。其中,物质生活的普遍富足是基础和前提。现阶段追求的共同富裕是在物质生活普遍富足的基础上人的全面发展的社会状态。

第三,共同富裕是分阶段逐步实现的过程。马克思主义认为,社会主义共同富裕是具体的、历史的,不是一成不变的。随着社会主义社会的发展,共同富裕将由低水平发展到高水平。共同

---

① 习近平关于社会主义社会建设论述摘编[M].北京:中央文献出版社,2017:35.
② 习近平.扎实推动共同富裕[J].求是,2021(20):4—8.

富裕在社会主义初级阶段也是一个逐步实现的过程。我国正处于社会主义初级阶段的新发展阶段,共同富裕面临前所未有的复杂环境和条件。当今世界正经历百年大变局。国内发展不平衡不充分的问题仍然突出,城乡、区域和区域内发展水平和收入分配差距还很大。实现全体人民共同富裕是一项长期、艰巨、复杂的重大任务,必须分阶段逐步推进。同时,不同地区促进共同繁荣的基础和条件也有很大差异。不能搞全面平均主义,不能搞统一发展。因此,要实现全体人民的共同富裕,必须先以身作则,再加以普及,并不断地从最底层向最高层次逐步推进。

三、坚持和完善共同富裕的经济制度基础

首先,坚持和完善公有制为主体、多种所有制经济共同发展的所有制制度。马克思主义一贯认为,以生产资料公有制为基础的社会主义经济制度是实现共同富裕的根本制度前提。毛泽东在"三大改造"时期提出,生产资料社会主义公有制的建立可以促进我国走向富强,并保障"这个富,是共同的富,这个强,是共同的强,大家都有份"①。邓小平也强调,"只要我国经济中公有制占主体地位,就可以避免两极分化"②。公有制为主体、国有经济为主导,这是保障全体人民共享发展和共同富裕的制度基石。同时,鉴于社会主义初级阶段的基本国情,我国私有制经济所容纳的生产力发展空间远没有完全释放出来。

正如恩格斯所言,不能一下子就把私有制废除,"正像不能一下子就把现有的生产力扩大到为实行财产公有所必要的程度一样"③。

① 毛泽东文集:第6卷[M].北京:人民出版社,1999:495.

② 邓小平文选:第3卷[M].北京:人民出版社,1993:149.

③ 马克思恩格斯文集:第1卷[M].北京:人民出版社,2009:685.

因此,在保持公有制主体地位和国有经济主导作用的基础上,积极发展的多重属性有助于促进经济的快速发展、社会生产力的快速发展和人民早日致富。这也是现阶段加快实现共同繁荣的最基本制度安排。一方面,要继续加强和增强国有大型企业、国有资本、国有经济的重要作用,充分发挥它们在推动高质量发展、保障和改善民生、促进共同富裕方面的作用。积极发展新型农村集体经济,推进农业现代化,让农民共享发展成果;另一方面,平等保护各类所有制经济产权和合法利益,支持和引导资本,以规范有序健康发展,促进非国有经济发展和公平竞争,激发活力和创造力,促进各类所有制经济和全体人民共同富裕。

其次,必须保持和完善社会主义市场经济体制。马克思、恩格斯认为,在历史条件下,商品与货币的关系虽然不等同于资本主义经济的基本关系,但在纯粹的社会主义经济中会自动消失。后来经济文化相对落后的国家的社会主义实践就超越了这种认识,提出用商品经济发展社会主义社会的生产力。在社会主义条件下发展市场经济是中国共产党的一项重大举措。社会主义市场经济是公有制与市场经济、有效市场和自主政府相结合的经济体制。既能充分发挥市场经济的力量,提高资源配置效率,又能突出社会主义制度的优越性,促进共同财富的实现。在党领导的社会主义制度下发展市场经济,就是要在市场经济发展中贯彻以人为本、共同发展的理念,逐步实现共同繁荣。必须充分发挥基本建设的积极作用,同时有效控制基本建设的消极作用,如以牺牲公平分配为代价的无序扩张。2021年12月,中央经济工作会议提出设立资本“红绿灯”,依法加强对资本的有效监管,防止资本疯狂增长。既要促进不同要素的分配,鼓励劳动财富和市场创新,又要完善制度,提高分配和再分配的规范性和准确性,使改革发展取得成果。公平地造福所有人民。

最后,维护和完善多种分配方式的工作分配制度。这种分配制度的根源在于当前的财产结构和经济运行。马克思主义认为,在公有制基础上进行生产资料分配可以有效避免两极分化,实现共同富裕。因此,必须强调,工作分配的地位不应受到损害。在初次分配中推广劳动分配原则,合理提高劳动报酬占比。同时,根据工作和产权要素相结合,以充分调动劳动者的积极性和创造性,以资本为主体,经营管理、科学技术、信息、数据等生产要素。为了使社会财富创造的来源充分流动,经济发展的"蛋糕"越来越大,收入来源得到开发。

简言之,就是要坚持和完善共同财富的社会主义经济制度的基本方向,不断优化制度机制,进行初次分配、再分配和第三产业分配,逐步缩小收入分配和贫富差距。这种分配主要是基于三种社会道德力量和慈善公益,鼓励富人群体自愿放弃部分物质财富,从而提高对公司现有财富的所有权。这种分配方式可以在一定程度上缩小社会收入和财富分配得过大差距,促进社会公平与和谐。鉴于建国的基本条件和历史局限,在当前,我们必须用三方分配的方式来鼓励、支持和引导各类社会慈善工作和公益行动,使这一建议成为初次分配和再分配的有益补充。

然而,三级分布具有随机性和不稳定性,对整个社会分布的影响范围和程度有限。它对促进各国人民共同繁荣的作用不应过分夸大。初次分配是整个社会分配制度的基础,初次分配制度是以生产资料所有权为中心的生产关系为主导,是市场自发运行的结果。再分配是一个重要的工具,虽然它由党和政府主导,但它的作用也取决于根本的经济体制。另外,马克思主义一直反对分配问题,反对分配,强调对分配问题的认识,总的来说,社会再生产,是社会生产方式为主的分配方式。因此,巩固和完善以共同财产为主体的社会主义基本经济制度,是促进共同财富实现的基本制度手段。在此基础上,必须正确认识和处理三方分配问题,避免陷入过度依赖三方分配的误区。

四、巩固和拓展共同富裕的物质基础

只有在高质量经济发展的框架内,才能建立共同繁荣的物质基础。马克思主义认为,生产力是一切社会生活的物质前提,生产力的发展最终决定实现共同财富的条件。根据我国的基本国情和社会主义第一阶段的主要矛盾,为了促进共同富裕,必须坚持基本路线,围绕经济建设,努力解放和发展社会生产力,促进经济高质量发展。只有通过高质量发展,不断创造和积累社会财富,才能为实现共同财富提供越来越充分的物质保障。否则,共同富裕只能是取之不尽的水,高质量发展才能使发展更加平衡、协调、包容。有利于解决不平等不充分的发展问题,更好地满足人民日益增长的美好生活需求。

简言之,只有以高质量发展、以创新作为第一动力、以协调为内生特征、以绿色为普遍义务、以开放共享为根本宗旨,才能坚定促进共同繁荣。推动高质量发展,必须全面贯彻新发展理念。新发展观是对马克思主义生产力发展理论的继承和发展。它系统地回答了关于发展的目的、动力、方式和手段的一系列问题。是新时代推动高质量发展的科学指南。创新发展主要解决发展动力问题;协调发展主要解决发展不平衡问题;绿色发展主要是解决人与自然的和谐发展和开放发展问题;内部和外部联系;发展和共同发展,主要是解决社会公平正义问题。新发展理念是破解高质量发展困境、促进共同富裕的关键。一是深入实施创新发展

战略,把科技自主作为支撑国家发展的战略支撑,增强自主创新能力。我们将继续推动以科技创新为代表的全方位创新,提升产品竞争力、产业竞争力、经济竞争力,为实现共同财富提供内生动力。

最后,全面实施乡村振兴战略,多渠道互补发展农村基础设施和基本公共服务,推动建立新型工农关系、城乡互补、协调发展、共同繁荣,促进城乡共同繁荣。三是深入实施区域协调发展战略,加强区域合作互助,创新体制机制,促进发达地区与欠发达地区、中东部地区、东北地区共同发展、共同富裕。三是推动绿色发展,满足人民日益增长的优美生态环境需求,促进人与自然和谐相处。坚持开放发展,积极构建以国内大周期为主旋律、国内周期与国际周期相互促进的发展新模式,以适应国内外经济形势的变化和要求。我们要践行共同发展理念,保障和改善发展中国家人民生活,让发展成果更多更公平惠及各国人民。总之,就是要在贯彻新发展理念、推动高质量发展的过程中,巩固和扩大各国人民的共同财富。

第三章　百年建党，不忘初心

——共同富裕理论创新与实践演进历程

第一节　共同富裕思想的初步形成与实践发展

一、中国共同富裕理论的思想渊源

中国传统文化不仅源远流长，而且还具有广泛而深刻的涵义，其蕴含着中华民族的精神基因，是中华民族最深层次的精神指标，同时也是中华民族的最重要的价值共识。在中国优秀传统文化中，共同富裕一直都是中华民族不断追求的目标。自古以来的"天道均平、抑强扶弱、均富贵"的思想，都与共同富裕息息相关。

首先，天道均平是中国最先形成、简单的共同富裕思想，"三才之道"以"天、地、人"为基石，是我国最早、最明确的构建人、地、社会、人心与人平衡和谐发展的理论。因此，天道均平的思想成为中国共同富裕的最简单的思想之一。从此，共同富裕自然成为中华民族追求的价值理想。

从盘古之初起，天道之下众生皆平等，体现了天道平等思想的核心。在《易经》中也有"与天同毕、共享财富"的思想。《易经》六十四卦中,第一卦为"乾",意为天,刚健挺拔,象征龙,寓意繁荣健康。"元、亨、利、贞"属于卦类,寓意吉祥、幸福,教导人们观察天道之德。其中,"元"代表万物的本源;"亨"代表万物平稳生长;"利"代表万物和谐共处,万物得利;而"贞"则代表着万物的积极和持久。天之道,万物之变而不遗,人生之俗而不独,皆平。根据《易经》的说法,我们必须服从天道,学习自然,所以我们应该与他人分享财富,而不是垄断财富。"与天地合其德,与日月合其明,与四季合其序"①,告诫人们要遵循伏羲普世和平的原则。"君子以裒多益寡,称物平施"②。并告诫人们"损益盈虚,与时偕行"③君子之财,共重。

伏羲之后的神农氏进一步将中国古朴的共富思想发扬光大。神农之世,皇帝与百姓同甘共苦,独当一面。《淮南子》载:"其导民也,不贵难得之货,不器无用之物。是故其耕不强者,无以养身;其织不强者,无以掩形;有余不足,各归其身;衣食饶溢,奸邪不生;安乐无事,而天下均平"④,体现了财富平均分配的思想。五帝之首的黄帝大力推行农田制度,使人民共享公共财富,实现了各部落的融合。《礼记》中载:"黄帝正名百事,与明人共享财富"⑤,说明黄帝平等分配,财富共享以平等规则天下衡量。

其次,我国进入阶级社会以来,抑强扶弱思想再次唤醒了共同富裕思想。自中华文明进入阶级社会以来,一个原始社会的繁荣分配开始崩塌,贫富差距越来越大,底层与统治阶级之间变得越来越对立,其无情的剥削和压迫,使底层更渴望过上富裕的生活,由此形成了"分而治之,抑强扶弱"的共同富裕思想。春秋战国时期,被统

---

① 高亨.周易大传今注[M].济南:齐鲁书社,1979.

② 高亨.周易大传今注[M].济南:齐鲁书社,1979.

③ 高亨.周易大传今注[M].济南:齐鲁书社,1979.

④ 顾迁,译注.淮南子[M].北京:中华书局,2009.

⑤ 郑玄,译注.礼记[M].北京:中华书局,2015.

治阶级的劳动人民过得苦不堪言,常常饥寒交迫。各学派"普惠天下"的治理思想,体现了劳动人民对共同富裕的追求。管仲说:"以天下物利天下人"[1],这是管仲治国之策和主张的集中体现,即天下之民只有共享其利益,政权才能稳定,而垄断天下之利益则只能失去天下。晏子认为,社会财富分配不均必然导致社会不稳定,因此在"先民后民"的观念基础上,提出了有无权力,贫富均平等的社会看法。老子在道家和自然的基础上也阐述了共同富裕的思想。

老子曰,"天之道,损有馀而补不足。人之道,则不然,损不足以奉有馀。孰能有馀以奉天下,唯有道者"[2]。也就是说,老子认为,与天所知相反,人的道总是贬低不足的,并常补充多余的。只有那些"观天道,行天道"的人,才能用富余的财富来弥补天下的不足。因此,应该鼓励人们用更多的多余财富去帮助别人,从而实现社会财富的和谐。孔子是儒家文化的奠基人,他认为不患寡而患不均,不患贫而患不安,并希望通过礼、义、仁的方式来解决社会矛盾。朱熹对此思想作出了进一步的解释,均,谓各得其分;安,谓上下相安,他认为,如果贫富差距太大,社会将面临分崩离析的风险。国家政策只有不贫困、不寡头、不倾向性,才能实现社会和谐稳定。"等贵贱、均贫富"的农民起义口号,反映了历代最底层全体人民对共同富裕的追求和向往。

秦朝以后,贫富开始进一步分化,甚至到了富者田连阡陌,贫者无立锥之地的地步。因此,统治阶级的富人和被统治阶级的穷人越来越接近,引发了一系列农民起义。南宋农民起义军首领钟相提出了"不分贵贱,不分贫富"的主张。他认为,把富人和穷人分开,不是好的法律。"贫富平等"直接针对封建社会财富分配的

① 李山,译注.管子[M].北京:中华书局,2009.

② 何明,译注.老子[M].济南:山东大学出版社,1997.

不平等,反映了底层人民共同致富的愿望。"大道之行也,天下为公"更多的是指经济公平。正因为如此,《吕氏春秋》才总结"昔先圣王之治天下也,必先公,公则天下平矣,平得于公"①而财富分配的极端不公平,必然会促使失去生产资料的农民阶级聚众起义高举"劫富济贫""替天行道"等的旗旗帜,追求共同繁荣通过暴力革命导致了国家的社会动荡,甚至王朝改变。

近代中国的太平天国运动是旧农民战争的顶峰,太平天国运动不仅是一场反帝反封建的农民运动,而且是中国农民战争史上最完善、最系统的纲领文件,提出了一整套促进共同繁荣的制度和政策。在天京颁布的《天朝田亩制度》提出了"有田同耕,有饭同食,有衣同穿,有钱同使,无处不均匀,无人不饱暖"②的口号,并描绘出了"凡天下人田,天下大同耕"共同富裕理想社会的蓝图。

总之,延续千年的大同和平等传统已经内化为一种崇高的核心价值,渗透到这个民族的血液中。有了这一传统基础,科学社会主义思想传入中国自然更容易被承认和接受,这也是马克思主义扎根中国的政治文化基础。

二、中国共同富裕思想的初步形成

一百年前,李大钊指出社会主义是"极公平的分配","社会主义是要富的,不是要穷的,是整理生产的,不是破坏生产的"五四运动以来,中国传统的思想文化和价值体系日益受到了强烈的挑战,追求现代化已成为中国思想文化的主流,在各种思想的相互碰撞和融合中,为马克思主义在中国的传播,使中国工人阶级和先进知识分子看到了现代化的希望。众所周知,李大钊可以说是

---

① 张双棣等,译注.吕氏春秋译注[M].北京:北京大学出版社,2011.
② 简又文,王然译.太平天国革命运动史[M].北京:九州出版社,2020.

新文化运动左翼的代表人物，是马克思主义思想的引导人。1917年，俄国十月革命确立了苏维埃政权的社会主义性质。作为北京大学教授，李大钊先后发表了《法俄革命之比较观》、《庶民的胜利》等文章，大力倡导中国走俄国十月革命的道路。

　　李大钊通过分析世界的进程以及中国的发展，再加上经过实地的科学证实后，最后得出中国必须走社会主义的必然性的结论。在1920年，李大钊在北京大学建立了社会主义研究会，该研究会的目的在于把有信仰、有能力、致力于研究社会主义的同志聚在一起，并在中国对社会主义的传播进行大力宣扬，也为如何传播，怎么深入研究中国的社会主义提供场所。李大钊认为"中国国内的劳资阶级间虽未发生重大问题，中国人民在世界经济上的地位，已立在这劳工运动日盛一日的风潮中，想行保护资本家的制度，无论理所不可，抑且势所不能"，基于此，可以得知，中国在未来，一定可以建立社会主义制度，李大钊对此充满自信。因为李大钊认为中国未来走社会主义道路是必然的，而且他还认为，可以通过武装革命的方式在中国建立社会主义制度。

　　李大钊年轻时就立志要实现民族复兴和民族繁荣。正是在这个不断探索的过程中，李大钊发现了中国落后的根本原因在于旧制度的腐朽。早在1913年4月，李大钊就在《大哀篇》一文中指出，"今之自命为吾民谋福利护权威者"及其"保护制度"，导致"农失其田，工失其业，商失其源，父母兄弟妻子离散茕焉，不得安其居，刀兵水火，天灾乘之，人祸临之"。[①]1919年1月，他在《新自杀季节》(The New Season of Suicide)中写道，自杀的人应该只在社会制度中寻找自己的原因。李大钊在同年9月发表的《我的马克

---

　　① 杨琥.李大钊卷(中国近代思想家文库)[M].北京:中国人民大学出版社,2014:27—30.

思主义观》等文章中,揭露了资本主义制度的落后和邪恶,指出在资本主义制度下,资本家榨取工人的剩余价值,贫困随着资本主义制度的发展而增加。

李大钊通过与半殖民地半封建社会、资本主义社会的比较分析,总结出社会主义在中国的优越性。首先,社会主义可以振兴中国实业,实现民族复兴和民族繁荣。在《社会主义下之实业》、《中国的社会主义与世界的资本主义》、《社会主义的释疑》等文章中,李大钊就社会主义制度下工业的发展展开论述,提出中国要振兴实业,必须首先实行社会主义。他指出今天中国工业发展的唯一出路,就是由纯生产者组织起来,铲除国内的掠夺性阶级,抵抗世界的资本主义,按照社会主义组织来经营工业。因为社会主义社会能够集中资本、劳动力和资源,使经济能够快速发展,所以社会主义是"极其公平的分配","社会主义是要富裕,不是要贫穷,是要组织生产,不是要破坏生产"。①

其次,在社会主义制度下,人们可以得到真正的民主和自由。关于社会主义与民主,李大钊在《由平民政治到工人政治》一书中指出:在经济上、政治上和社会上,社会主义都体现了民主的精神,并且民主作为社会主义中存在的一个要素,社会主义制度是尊重个人、消除一切压迫和统治的。关于社会主义与自由,李大钊指出:"社会主义就是保护自由,增加自由,使农民和工人更加自由";"社会主义者是要求人人有权利,使之保证人人享有极大的平等和自由";"要实现真正的自由和极度的平等,就要实现'社会主义制度',推翻现行的'资本主义制度'。"②

---

① 王小梅.李大钊对社会主义的认识与论述[J].理论导报,2019(10):49—51.

② 杨琥.李大钊卷(中国近代思想家文库)[M].北京:中国人民大学出版社,2014:353—357.

最后,社会主义的正义和公平可以给大多数人带来幸福,让每个人都享受幸福的生活。他指出资本主义制度可以使社会破产,可以使经济恐慌和贫困,可以使大多数人民变成劳动无产阶级,并崇拜少数资本家。而社会主义需要对现有体制进行全面改革。其实质是要找到一种新的方法来取代旧的经济秩序和私人竞争的组织,使社会发现新的经济组织和秩序是正常的、好的,即提倡合作生产,获得真正的平等分配。

李大钊主张在社会主义生产制度下,以满足人民的需要、展现真正的公平为目的,并且在产品的分配上,不仅要分配给消费者,而且要分配给劳动者,强调在经济上要使参加劳动的人民得到满意并且受益,这样,才能使我们每个人都能过得舒心,过上良好的精神和物质生活。在这里,李大钊阐述了社会主义制度可以消除不公正,实现人的自由平等,实现以人为本,人与社会共同发展的科学社会主义思想。李大钊从政治、法律、经济三个方面分析了中国要实现的社会主义。在政治上,必须是为其目的服务的无产阶级专政;按照法律规定,必须废除和消灭旧的经济生活和秩序,如私有制和继承制,建立新的经济生活和秩序,把资本、财产和私有制的规律改为公有制;从经济方面讲,必须使人民的劳动欲望得到满足,得到一切利益,初步揭示了社会主义的共同特征——三个基本特征,即无产阶级专政、生产资料公有制和按劳分配。李大钊对经济的分析和认识是早期共同富裕思想的雏形。

三、"共同富裕"概念的提出

新中国成立初期,毛泽东首提共同富裕概念,成为凝练"共同富裕"简明概念的第一人。从1949年新中国成立到1952年完成国民经济恢复工作,毛泽东根据当时的国民经济情况,萌发出实现全体人民逐渐达到富裕的想法,认为现阶段下发展国民经济,不断发展生产力以及逐渐积累社会财富上确保实现共同富裕。

1949年3月,七届二中全会召开,毛泽东在会上发表讲话:"革命胜利后,迅速恢复和发展生产,对付外国帝国主义,稳步改造中国农业国转变工业国,把中国建设成为社会主义伟大国家。"①会后,国家工作重心逐渐从农业转向工业。会议认为,如果不加快复工复产速度,工人的生活就无法得到改善和改善,甚至为全国人民提供的能力和物质都将会导致不足,从而对党的执政基础造成一定的影响。因此,在这个时候,改善工人和广大人民生活的问题被提上日程,这就是我国初期共同富裕萌芽思想的一个显著特征。

1953年至1956年,社会主义改造基本完成,社会主义制度在中国确立,共同富裕思想,即毛泽东共同富裕思想,在此过程中逐步形成。这一阶段的特点是毛泽东在新民主主义革命胜利和社会生活得到新支持的基础上,创造了向社会主义过渡的政治经济条件,并且国家经历了漫长的发展历程。在这个过程中,社会主义公有制被确定为国家发展的唯一经济基础,并适时提出了引领人民逐步摆脱贫困、实现共同富裕生活的目标。1953年12月16日,《关于发展农业生产合作社的决定》确立了发展思路,即:共同组织广大农民群众,大力发展合作经济,逐步实现共同富裕,实现普遍富裕。这也是党的历史上第一次将"共同富裕"的理念写入中央文件。该决议的出台,也标志着毛泽东共同富裕思想的正式形成。在毛泽东看来,互助合作的方式可以克服农民分散经营的困难,比如权力分散等,这不仅可以迅速增加农业生产,使农民有足够的温饱,也可以提供足够的商品粮和工业

---

① 毛泽东选集:第4卷[M].北京:人民出版社,1991:1437.

发展原料。工农联盟在新的基础上得到巩固,国家依靠工农的统一联盟,限制和改造资本主义工商业,切断他们的粮食和原材料的来源,在政治上孤立和击败资产阶级,从而在最广大的农村根除资本主义的自发性,由此产生的贫富悬殊为共同富裕扫清了道路。

通过查阅新中国成立后的有关文件,我们发现"共同富裕"一词在1953年以前从未出现过。1953年,《人民日报》连续12次提到"共同富裕",尤其是在12月《决议》通过之后,这个概念连续出现了9次。而毛泽东是党的第一代中央领导班子中提出和使用最多的"共同富裕"概念的第一人。 在他的影响下,广大人民群众的思想得到了启迪,更加坚定了走社会主义道路的决心,也是在这样的社会观念指导下,我国在很短的时间内进行了生产资料私有制的社会主义改造,初步建立了社会主义制度。

以毛泽东为代表的中国共产党人在救国救民的艰辛历程中认识到,要带领受苦受难的中国人民走上共同富裕的道路,就必须打倒罪恶的帝国主义和封建主义。而官僚资本主义"三座山",通过人民革命建立以公有制为主体的社会主义共同劳动、共同经营的制度,在实践中实现了中国文化的内涵思想与社会主义共同富裕的思想无缝衔接。作为马克思主义者和中华优秀传统文化继承者的合体,毛泽东继承、丰富和发展了马克思主义经典作家关于科学社会主义的共同富裕思想,并借鉴了中华文化上下八千年关于共同富裕的思想成果,同时结合如火如荼的中国社会主义革命和建设实践,为彻底摆脱贫穷落后面貌,使中华民族实现了具有决定意义的一跃,来显人民大众共同富裕的幸福源泉,展开了前无古人的极富拓荒意义的探索,形成了影响深远的宝贵的共同富裕思想成果。

四、中国人民"站起来"作为"共同富裕"思想的实践起点

中国共产党成立伊始,就致力于为中国人民谋幸福、为中华民族谋复兴,在"忠实坚守"马克思主义崇高社会理想中不断推进共同富裕。以毛泽东同志为主要代表的中国共产党人,领导全国人民开展土地革命,确立了共同富裕的社会主义制度基础,在集体式发展中初步奠定了我国工业化和国防现代化的发展基础,实现了对马克思恩格斯共同富裕思想的坚守。

(一)以土地改革为推动力,奠定共同富裕基本政治前提

实现共同富裕,需要做的不仅仅是大力发展生产力,还需要从根本上变革生产关系,而生产资料的所有制又是生产关系的基础,所以最根本的还是要改变生产资料的所有制。因为共同富裕是大家一起共享富裕,而现有的制度是私有制,造成两极分化,所以要从根本上消灭私有制,建立公有制,实现共同富裕。而变更封建地主阶级的土地所有制为农民的土地所有制,引导个体经济走向集体经济,把资本主义私有制经济变更为社会主义公有制经济,建立社会主义基本经济制度,才是实现共同富裕的康庄大道。

首先,通过分析中国农民贫穷落后的根本原因可以得知其与封建地主阶级土地所有制挂钩。在中国封建社会生产关系中,封建地主阶级土地所有制是基础,并且地主阶级手中掌握的是农业生产最重要的生产资料,即土地。他们通过对农民的无情剥削和压迫,也就是通过榨取地租、放高利贷的手段进行剥削,造成了地主逐渐积累大量土地,农民对土地的拥有权逐渐消退,占有极少的土地,只能被迫去租地主的土地,将收获的大部分作为地租交给地主,自己仅获得极少一部分的现象。这种现象也从侧面反映出中国农民在封建地主阶级的统治下,日益贫穷,日子非常凄惨,

也表明了当时旧中国两极分化非常严重，而只有消灭封建地主阶级制度，没收其土地归农民所有，才能消灭两极分化，实现共同富裕。

在国民革命时期，农民的问题逐渐凸显出来，毛泽东在当时也意识到农民问题就是中国革命的中心问题，而农民问题的核心也必然与土地相关联。在当时的时期，毛泽东为此提出了很多想法。由于当时党内存在着只顾着与国民党合作、只顾着工人运动而忽略了农民的错误倾向，毛泽东先后撰写了《中国社会各阶级的分析》、《国民革命与农民运动》和《湖南农民运动考察报告》等文章，提出"农民问题乃国民革命的中心问题"①，号召要有大批的同志立刻下决心，去做那组织农民的浩大工作。1926年6月，他在为第六届农讲所学生讲授农民问题时，指出："国民革命的目标，是要解决工农商学兵的各阶级问题；设不能解决农民问题，则各阶级问题也无由解决"；"可以说中国国民革命是农民革命"，"故土地问题为本党中心问题"②。8月，在参加中华农学会第九届年会时说："诸位在广东开会，顶要紧的不要忘记百分之八十的农民"③。在毛泽东的推动下，1927年3月，国民党二届三中全会正式通过了《对农民的宣言》和《关于农民问题的决议案》，提出："本党决计拥护农民获得土地之争斗，致使土地问题完全解决为止"④。但，出现了一个问题，如何解决农民的土地问题。为此毛泽东提出了两种方法，即政治没收和经济没收。虽然当时这些想法没有成为现实，但这也为后期解决土地问题打下了坚实的基础。

在轰轰烈烈的大革命失败之后，毛泽东开始解决土地问题，

---

① 毛泽东文集:第1卷[M].北京:人民出版社,1993:37.

② 金冲及.毛泽东传(1893—1949)[M].北京:中央文献出版社,1996:115.

③ 毛泽东年谱(1893—1949)上卷[M].北京:中央文献出版社,2013:165.

④ 金冲及.毛泽东传(1893—1949)[M].北京:中央文献出版社,1996:129.

他领导秋收起义开始了当时符合中国实际情况的革命道路,即"农村包围城市,武装夺取政权"。在创建革命根据地的过程中,毛泽东提出了许多路线方针政策。《井冈山土地法》规定:没收一切土地归苏维埃政府所有。这个政策是以法律的形式使得农民拥有了获得土地的权力,也是对封建生产关系的否定。虽然这个土地法在当时不是很完备,但也是解决农民土地问题的起点,而且这些不满足的地方在后来也逐渐得到了改正。《兴国土地法》将"没收一切土地"改为"没收一切公共土地及地主阶级的土地",保护了中农利益不受侵犯。在1931年2月,毛泽东还给江西省苏维埃政府的主席曾山写信提出了要把没收的土地归苏维埃政府所有的政策,变更土地为农民所有,允许自由买卖和租借,对土地所有权问题的归属作出解决。在这些实践的基础上,毛泽东等党的领导同志研究制定了党的阶级路线和土地革命的具体分配办法,团结了百分之九十以上的农村劳动群众,集中力量消灭封建剥削制度的根基——封建地主阶级所有制制度。

全面抗日战争爆发后,由于中国社会的主要矛盾和国内阶级关系的新变化,在中国共产党领导的抗日民主根据地,实行减租减息政策,以求团结一切抗日力量,扩大抗日民族统一战线。在减租减息政策下,在不改变地主阶级土地所有制的情况下,地主仍然可以将土地出租给农民收租,也可以借钱收息,但地主阶级的地租和利息有所下降。减租减息政策虽然没有从根本上解决农民的土地问题,但在有利于战胜日本帝国主义的前提下,减轻了农民的负担,一定程度上改善了农民的生活。

随着抗日战争的胜利,封建地主阶级站在了发动反人民内战的国民党反动统治集团一边。在此背景下,1946年5月,中共中央发出《关于清算减租及土地问题的指示》(即《五四指示》),指示决定将抗日战争时期的减租减息政策改变为实行"耕者有其田"的政策,还规定了进行土地改革的具体政策和方法。"五四指示"的发出,标志着解放区在农民土地问题上,开始向变革封建土地关系、废除封建剥削制度过渡。1947年10月,中共中央公布了经毛泽东修改的《中国土地法大纲》。《大纲》规定:废除封建性及半封建性剥削的土地制度,实行耕者有其田的土地制度。1950年6月,党的七届三中全会专门讨论了新解放区的土地改革问题,毛泽东提出,争取新中国国家财政经济状况根本好转的第一个条件就是土地改革的完成,会后,中央人民政府公布了《中华人民共和国土地改革法》。《土地改革法》明确规定:废除地主阶级封建剥削的土地所有制,实行农民的土地所有制。

土地所有制度的改革,是一场从根本上摧毁封建剥削制度根基的社会大变革。封建地主阶级土地所有制的消灭,从根本上消除了剥削的所有制基础。广大农民获得了土地,为通过辛勤劳动、创造属于自己的幸福生活提供了基本的前提,为接下来党提出探索共同富裕道路奠定了物质基础。

(二)发展"集体化",构筑共同富裕所有制基础

毛泽东对于实现共同富裕的目标有着深刻的认识,他认为共同富裕与社会主义有着不可分割的联系。因为在毛泽东看来,富裕和社会主义就像是一枚硬币的两面,缺一不可。而发展集体化,实现对资本主义私有制进行社会主义改造,不仅是建立社会主义经济制度的重要步骤,还是构筑共同富裕生产资料所有制的基础。

首先,毛泽东对个体经济需要改造为集体经济的想法由来已久。在1943年,毛泽东就曾提出过关于农村生产关系的"两次革命"。第一次土地革命,从封建地主那里没收的土地归还农民;第

二次革命是生产方式的革命,即从个体劳动到集体劳动,从个体经济到集体经济的转变。他认为不改革生产方式,也就是不改革第二种生产关系,从个人劳动到集体劳动,生产力就不能进一步发展。如何把农民个体经济改造为集体经济呢?这就需要引导农民组织起来,走互助合作的道路,这也是唯一的胜利之路。大革命时期,毛泽东在《湖南农民运动调查报告》中指出,合作社确实是农民所需要的。在建立农村革命根据地的过程中,毛泽东对根据地出现的劳动合作社、农耕队等互助合作组织给予了热烈的赞扬和积极的指导。抗日战争时期,毛泽东在土地革命战争时期的互援合作基础上,结合陕甘宁边区原有的换班、组队等劳动互助合作形式,号召组织群众组成一支庞大的劳动力队伍,相信"这是人民解放的唯一途径,是脱贫致富的唯一途径和赢得抗战的唯一途径"[①]。解放战争期间,毛泽东提出解放区土地均分后,党必须引导农民发展农业生产互助合作组织。毛泽东在民主革命时期组织农民、走互助合作道路的理论和实践,为新中国成立后如何改造个体农业积累了丰富的经验。

新中国成立后,毛泽东特别重视农业合作事业。他在农民互助合作实践的基础上,逐步探索出一条适合中国实际的农村社会主义改造道路。受苏联模式的影响,党内许多同志在如何实现农业合作的问题上主张"先机械化,后集体化"。毛泽东也持这种观点。然而,土地改革后,农村地区的两极分化趋势改变了毛泽东的思想。他认为不能允许这种现象发展。唯一的选择是依靠广大贫农和下中农,开展互助合作运动,走社会主义集体化道路。毛泽东批评了一种观点,即互助与合作不能发展为农业生产合作社,其认为私有制在现阶段不能动摇。1955年,毛泽东在省委、市

---

① 毛泽东选集:第3卷[M].北京:人民出版社,1991:931—932.

委、自治区党委书记会议上进一步阐述了"先合作，后机械化"的思想，认为只有实行合作，消除富农经济体制和个体经济体制，才能实现农民的共同富裕。在毛泽东思想的指导下，全国农业生产互助合作运动广泛开展。

从实践效果来看，农业合作化运动的完成实现了中国农村生产关系的历史性转变。到1956年底，全国96.3％的农民参加了合作社，农业合作社基本完成。农业合作期间，农业总产值年均增长4.8％。在生产发展的基础上，农民的生活发生了变化。更重要的是，农业合作运动避免了土地改革后农村地区可能出现的贫富分化。

然后进行了资本主义私有制的社会主义改造。新中国成立后，民族资本主义经济仍有两种功能，一是中国经济落后，其有利于经济发展和生产恢复，对国民经济和人民生活起到积极作用；二是资本主义经济剥削工人，只顾追求自己的利益，对国民经济和人民生活产生负面影响。然而，随着实现国家工业化任务的提出，资本主义经济越来越不能满足工业建设的要求。实现国家工业化，既是国家富强和人民幸福的自然要求和必然条件，也是建设社会主义物质基础的重要内容。中国的民族资本主义经济薄弱，尚未形成独立的工业体系。中国不可能通过一定的资本主义发展来实现工业化。随着国民经济复苏任务的完成和国家计划经济建设的到来，资本主义私有制越来越不能满足国家工业化的需要。国家的计划经济建设要求有限的人力、物力和财力用于重点建设，而资本主义和所有权要求扩大自由生产和自由贸易以发展自身。因此，私营经济和国有经济之间以及民族资本主义经济中资本家和工人之间的利益冲突越来越明显。为了适应我国社会主义工业化的要求，我们必须对资本主义工商业进行社会主义改造。

毛泽东提出"通过国家资本主义完成私营工商业的社会主义改造是一种比较好的政策和方法",即用一系列形式的国家资本主义从低到高实现改造,"第一步是将资本主义转变为国家资本主义""第二步是将国家资本主义转变为社会主义"①。通过国家资本主义初级形式、个体企业公私合作和整个行业公私合作三个阶段,将民族资本主义私有经济转变为社会主义性质的经济。到1956年底,资本主义工商业的改造基本完成。毛泽东在改造资本主义私有制的过程中,也注意改造人这一关键,坚持企业和改造人结合起来,把改造个人和消灭个人所属阶级结合起来,把以前的资本主义工商业者改造成自给自足的社会主义工人。这不仅有利于减少转型阻力,也有利于充分发挥其经营管理专长。毛泽东说:"在三个五年计划中,资产阶级不会有一天被称为资产阶级,他们将成为工人"②。剥削者变成了劳动者,剥削与剥削的关系变成了平等的劳动关系。

通过土地革命和社会主义改造,直至1956年三大改造完成,社会主义制度在我国初步确立,从根本上改变了我国经济结构,原有多种所有制经济成分并存状态,已转变为公有制、计划经济和按劳分配相结合的集体所有制经济,公有制经济占比达90%以上。这一转变为共同富裕的初步探索奠定了坚实制度基础。

五、"同步富裕"的曲折发展

在对共同富裕探索的道路上,中国取得了很大的成就,人民的物质、文化生活水平逐步得到提高。但是在发展的过程中,我

---

① 毛泽东文集:第6卷[M].北京:人民出版社,1999:287—291.

② 毛泽东文集:第6卷[M].北京:人民出版社,1999:496.

国没有实现共同富裕,反而导致了"共同贫穷"。

　　首先,在共同富裕的理解上,毛泽东对其出现了些许偏差。在当时,毛泽东理解的共同富裕是人民在略有差别基础上的共同富裕,一旦出现较大的差距,甚至于还只是出现这种差距可能扩大的趋势,都被毛泽东认为是两极分化,是有悖于社会主义共同富裕的。这也是毛泽东共同富裕思想被人称为"同步富裕"或"同等富裕"的重要原因。事实上,社会主义初级阶段的收入差距与私有制条件下的两极分化有着根本的区别。两者的根本区别在于,两极分化是生产资料私有制的结果,而收入差距是按公有制基础上的按劳分配的结果。马克思主义认为,两极分化是资本主义私有制的产物,本质上是资本主义生产关系的反映。马克思还指出,在共产主义的第一阶段,社会消费品只能按劳分配,"某个人实际得到的比另一个人多,也比另一个人富有"是必然的,这是"必然的"。因此,在公有制的基础上,无论按劳分配还是按需分配,贫富差距再大,也不能称之为两极分化,只能是"小穷"和"大穷"、"小富"和"大富"。对于一个建立在生产资料公有制基础上的社会主义国家来说,按劳分配基础上的贫富差距可以通过国家财政、税收、公用事业、社会保障等多种手段加以有效控制。需要强调的是,这里讨论的收入差距仅局限于按劳分配产生的收入差距,不包括上层建筑不完善导致的其他经济所有制形式或其他分配方式的可能性。

　　其次,毛泽东对于贫富两极分化可能会产生的结果有着过于的担心,他想象得过于复杂了。在毛泽东看来,贫富两极分化一定会导致阶级之间产生分化,从而造成新的剥削阶级出现,使得贫穷的劳动人民又会遭受无情的剥削和压迫。毛泽东认为:"已经搞了单干的,不要勉强去扭,过了半年或一年看出两极分化了,这个问题就解决了";"搞单干,两年都不要,一年多就会出现阶级分化"①在这里,毛泽东的态度是消极的,他只看了贫富差距带来的负面影响,并未看到其还有正向、积极的一面。在《若干重大决策与事件的回顾》中说道:"土改后的农村出现两极分化是难以避免的,它是商品经济发展的必然结果。两极分化的出现,虽有消极的一面,但在当时的情况下主要的还是有利于推进生产力的发展"②。从这里可以得知,贫富差距这种现象是当时商品经济发展的一个必然结果,并且这种结果对生产力的发展是大力促进的。通过改革开放后,中国特色社会主义反复实践证明了我国虽然可以不经历资本主义的充分发展阶段而直接进入社会主义,但是在社会主义的阶段,社会化商品化却是必须经历的一个阶段,而这也证明了,必须发展商品经济,在价值规律的作用下,必然会出现贫富差距;如果人为地拉平收入差距,必然导致平均主义,就违背了价值规律的,打击了劳动者的积极性。

第三个原因是毛泽东对于平均主义的主张,没有进行彻底的反对。毛泽东虽然曾经也坚决批判平均主义思想,但在现实面前,也对此不得不进行让步,而且他内心深处其实对平均主义的主张也充满着渴望。在延安时期,毛泽东对于供给制的等级制度有着不满,经常怀念人民公社实行吃饭不要钱的时候,他认为:"无论谁人,都有饭吃"③。但是,也正因为毛泽东的这种思想,其他人也或多或少地受到了影响,使得人民公社中的"共产风"、分配中破除"资产阶级法权"的平均主义趋向、企业吃国家"大锅饭"、职工吃企业"大锅饭"的现象也随之盛行开来。实践证明,平

① 毛泽东年谱(1949—1976)第5卷[M].北京:中央文献出版社,2013:126—130.
② 薄一波.若干重大决策与事件的回顾(上卷)[M].北京:中共中央党校出版社,1991:207.
③ 毛泽东年谱(1949—1976)第3卷[M].北京:中央文献出版社,2013:425.

均主义"严重压抑了企业和广大职工群众的积极性、主动性、创造性，使本来应该生机盎然的社会主义经济在很大程度上失去了活力"①，其结果必然是共同贫穷。

共同富裕与"同步富裕"是有着本质的区别。同步富裕违背了事物发展规律。事物发展只能是由局部到整体，由量变到质变这样一个过程。共同富裕不可能使所有的人完完全全在同一时间，同一空间，以同等速度一起达到同等程度的富裕，不是齐步走、齐步到终点式的富裕，而是允许有差别的富裕；不是每个社会成员都拥有同等财富，而是以承认合理的差别为基础。所以说共同富裕不是同步富裕。

第二节　共同富裕思想的深入推进与总体设计

随着中国经济社会的不断发展，共同富裕思想也经历着不断地推进。在1978年底，中央工作会议和十一届三中全会先后召开，中国共产党回顾了建国28年的历史，开始全面实行对内改革和对外开放的政策。在率先召开的中央工作会议上，邓小平提出："让一部分地区、一部分企业、一部分农民，由于辛勤努力成绩大而收入先多一些，生活先好起来，就必然产生极大的示范作用，影响左邻右舍，带动其他地区，其他单位的人们向他们学习。这样就会使整个国民经济不断波浪式地向前发展，使全国各族人民都比较快地富裕起来。"这是邓小平同志首次提出先富带动后富的发展理念，初步规划了"共同富裕"思想的实现路径。

---

① 十二大以来重要文献选编(中卷)[M].北京:中央文献出版社,1986:50.

一、"先富带后富"的理论实践

在新中国成立之后,可以得知当时的政治经济体制是不适合所处阶段发展的,因为这些制度只是对苏联模式的照猫画虎。基于此,为了拓展我国的经济发展,邓小平同志提出了改革当时落后的经济政策,大力发展生产力,并在此基础上,提出了"可以让一部分地区先富起来,然后带动其他地区共同富裕。"的想法,具体实施即区域非均衡发展战略。

区域非均衡发展战略对当时社会主义生产布局产生了深刻的影响,不仅将其作为社会主义生产布局的规律,还把其当成资本主义生产布局的规律,因此产生了双面性的影响,造成了对社会生产布局产生片面认识。所以,在改革开放前,对待区域经济的发展,采取了均衡发展的战略。

在80年代初期,关于区域不平衡发展这一客观经济规律,邓小平认为不管是资本主义国家还是社会主义国家,都应对其充分尊重。因为只有当正确认识到区域不平衡这一客观发展规律时,我国制定改革开放总体战略布局时可以有坚实的基础,也为那些具备发展优势的地区以及人们提供先富起来的条件。该战略在20世纪80年代开始映入人们眼中,在党的十一届三中全会以后,关于区域非均衡发展的战略,作出了相关的调整,即从重视区域经济均衡发展转向重视国民经济整体发展以及宏观经济效益,强调充分发挥和利用每个区域的优势,特别是处于东部沿海地区,具有很大的区位优势以及经济技术优势。区域经济非均衡发展战略,是把经济效率放在首位,和以往盲目追求公平的战略相比具有很大的挑战性,这也是区域经济理论上的一个重大突破。在改革开放初期到20世纪90年代初期,我国采取了这种非均衡发展战略。

改革开放之初，邓小平在总结新中国成立以来我国区域生产力布局经验教训的基础上，提出了充分发挥区域生产力优势的发展战略，加快沿海地区开发。邓小平认为，如果一部分地区、一部分人先富起来，必然会产生很大的示范作用和帮助作用，逐步带动全民、全国富强，并以此作为实现"三步走"战略的重大方针。1979年，中共中央、国务院提出"扬长避短，发挥优势，保护竞争，促进联盟"的方针，大力推进横向经济。在1980年3月召开的中长期规划座谈会上，邓小平进一步指出，要"发挥比较优势，扬长避短，认清不平衡"。"平衡发展"转变为注重效率的"不平衡发展"。

邓小平专门设计和组织了东部沿海地区的经济发展。根据邓小平的建议，1979年，中共中央、国务院正式批准设立深圳、珠海、汕头、厦门四个经济特区。"六五"计划开始，我国开始实施非平衡发展战略，并且该计划首次列入"区域经济发展规划"，提出沿海地区、内陆地区、少数民族地区、欠发达地区等几种不同类型地区的发展政策，纠正过去的整体经济布局，提出充分发挥沿海地区经济技术优势，并开发内陆地区和少数民族欠发达地区资源，循序渐进、有计划地进行，同时促进区域间的发展，横向联合。按照这一方针，全国生产力分布开始向东部沿海地区倾斜。中央将资源配置重点放在东部沿海地区，提出积极利用沿海地区现有基础，发挥区位优势，加快发展，带动内陆经济进一步发展。为促进沿海地区快速发展，国家在财政、投资、税收、价格、金融、对外贸易，外汇上创造了有利的政策环境。1984年，根据邓小平的提议，国家正式决定开放上海、大连、天津、广州等14个沿海港口城市。次年，长三角、珠三角、闽南三角洲进一步扩大开放，成为经济开放区。

"七五"初期,我国生产力布局进一步向沿海地区倾斜。根据我国区域发展和生产力分布的总体情况,"七五"规划明确将全国划分为东、中、西部三大经济区,并制定了发展梯度不平衡的宏观区域经济发展战略。按照东、中、西顺序排列发展重点,实施不同的区域政策,体现了效率优先,发展不平衡。"七五"规划提出"加快东部沿海开发,同时以中部地区能源和原材料建设为重点,积极为西部大开发做准备"。党的十三大报告进一步指出,东部、中部和西部地区要发展各自优势,通过相互开放、平等交流,合理的区域分工和区域经济结构形成。1988年3月,沿海地区经济发展战略作为国家重大政策正式提出。在这种区域布局思路的指导下,中央实施了一系列有利于沿海地区的政策措施。一是对外开放向东倾斜。国家设立海南省,实施更加灵活开放的经济政策,将辽东半岛、胶东半岛、环渤海地区等沿海城市划为沿海经济开发区,国家牵头设立13个保税区、25个高东部沿海科技开发区。这些措施的实施,使东部沿海地区形成了经济特区、开放城市、开放地区的对外开放新格局。二是国家投资布局重心东移。在全社会固定资产投资总额中,东部沿海省份占50.92%,投资份额全国前6位的省市均在东部沿海地区。三是国家优惠政策向东倾斜。中央进一步赋予沿海地区更大的财政、税收、信贷、投资、外商投资审批、外汇留存等自主权。

1988年,在实施区域经济不平衡发展战略的过程中,邓小平根据先富、后富、共富理论,正式提出了沿海和内地、东部和西部共富的"两个大局"的战略构想。与中西部和北部内陆地区相比,东部沿海地区地理位置得天独厚,交通便利,在设备、技术、人才、信息等方面具有较为完备的优势。按照邓小平的战略构想,国家在投资和体制改革政策方面进一步向东倾斜。

"八五"期间，中央作出了"发展上海浦东，带动长三角乃至整个长江流域经济发展"的重大战略决策。国家出台一系列促进和加快东部沿海对外开放的政策，带动了东部沿海新一轮对外开放，进一步发展了已经形成的全面开放格局。与此同时，中央开始统筹解决东部和中西部地区的发展问题。1992年，中共中央提出实施沿海、沿江、沿边、沿线、内陆的全方位对外开放布局，加强了内地与内地的横向联系。沿海在对外开放方面。在沿海开放的基础上，批准沿江28个城市、8个地区和东北、西南、西北地区的13个边境城市对外开放，内陆省会城市全部开放。形成了"经济特区—沿海开放城市—沿海经济开放区—沿江开放城市和内陆经济特区"逐步推进的开放发展梯次格局。这一时期，虽然中央也扩大了中西部地区地方政府在外贸、金融、金融等方面的自主权，开始制定和实施国家扶贫开发政策，进一步完善民族扶贫政策，投资仍向东倾斜。

区域经济非均衡发展战略，促进了我国经济总量的增长和综合国力的提高，大大改善了沿海地区的投资环境，有力地推动了沿海地区经济的超常规发展，使沿海地区积累了相当的经济实力。

二、守正创新，筑牢"先富"基础

邓小平通过解放和发展生产力推动贫困人口温饱问题的基本解决，辩证思考公平与效率的关系，坚持公有制不变中逐步发展多种分配方式，为共同富裕提供发展动力之源。改革开放尤其党的十四大提出建立社会主义市场经济体制以来，我国经济发展更是进入快车道，为共同富裕提供了坚实的物质基础。

　　首先要对社会主义本质的要求有所了解,认识到实现共同富裕的条件就是消灭剥削和消除两极分化。共同富裕最重要的在于"共同"二字,即意味着社会财富归全体人民所有,当共同富裕出现两极分化时,与资本主义的两极分化还是有着本质的区别。邓小平曾经说过:"在社会主义制度下,可以让一部分地区先富裕起来,然后带动其他地区共同富裕。在这个过程中,可以避免出现两极分化,但这不是要搞平均主义。"①站在生产关系的立场上考虑,邓小平认为要想实现共同富裕,需要消除两极分化,达到生产资料完全公有化,使得全体劳动者成为社会财富的真正拥有者。但是,任何想要享受财富实现的果实的人都是不可实现的,消除两极分化的基础是劳动的相对公平,而不是绝对的平等主义。同时,我们应该深刻认识到,共同富裕不是完全意义上的平等财富,而是相对于实际劳动付出的财富差距,共同富裕是允许存在一定的收入差距的,这不是两极化。先富后富,是实现共同富裕的一种手段,虽然在一定范围内,一定时期内造成了贫富差距,但这是更快地实现全民共同富裕,不是两极分化的"十二亿人口怎样实现富裕,富裕起来以后财富怎样分配,这都是大问题。"②在这里,邓小平提出了实现共同富裕过程中效率与公平的辩证关系问题。只有重视效率,才能不断促进生产力的发展,激发劳动者生产的积极性和创造性,最终使人民富裕起来。只有强调公平,才能真正体现社会主义市场经济的特点,才能保证经济发展的高效性和国家发展的稳定性和紧迫性。效率与公平是辩证统一、相互促进的关系,两者都不容忽视。相反,片面强调效率或片面强调公平,即使两者分离对立,效率和公平也无法独立实现。

　　① 邓小平年谱(1975—1997)(下)[M].北京:中央文献出版社,2004:1014.

　　② 邓小平年谱(1975—1997)(下)[M].北京:中央文献出版社,2004:1364.

在实现共同富裕的过程中,效率和公平一直是我们党关心的问题。在不同的历史阶段,解决这个问题的重点不亚于相同。改革开放初期,国家生产力水平低下,邓小平针对这个问题指出:"现在不能搞平均主义。毛主席曾经说过,要先富起来,好的管理者也应该认识到待遇更高,不合格的就刷下来,鼓励大家想办法,说物质刺激,其实就是刺激。"①邓小平同志认为,要发展,就必须提高社会生产力,首先解决效率低下的紧迫问题,然后逐步实现社会公平,最终实现效率与公平的协调推进。1993年,中央在建立社会主义市场经济体制的文件中提出"效率优先、兼顾公平"的原则,把效率低下的问题作为重点解决。随着国家生产力发展水平的显著提高,2005年的中共十六届五中全会强调了"更加注重社会公平"的发展理念。人们正在朝着更高效、更公平的目标迈进。

在先富后富的发展道路上,效率和公平之间的关系表现得非常明显。走先富和后富这条道路对我国来说,是非常符合实际情况的,在该政策下,不仅可以提高效率,而且公平性也得到了保障,也为实现共同富裕提供了便捷。一方面,先富的理念中表现了效率优先的原则。在沿海地区,其地理位置、人力资源、科学技术等相较于内陆地区有着得天独厚的条件,在国家的帮助下可以发展得更加迅速,体现了效率优先。与此同时,沿海地区的快速发展也可以起到积极的反作用,即一方面起到良好的带头作用,将其自身的经验和发展模式为内陆提供借鉴,使得内陆地区少走弯路,提高整体的发展效率。另一方面,带动后富的理念体现了兼顾公平的原则。在东部发达地区中,它们发展的迅速,也可以带动落后地区的发展,从而使得落后地区可以更好地发挥本地区的优势,在短时间内达到技术和资本的有效提高,还能够快速地

① 邓小平年谱(1975—1997)(下)[M].北京:中央文献出版社,2004:387.

改变本地区的落后面貌,提升区域经济的发展质量和人民群众的生活水平。在经济发展的薄弱期,如果过度强调公平,容易再次误入平均主义的歧途,导致本来稀少的社会资源更加的分散。只有以先富到后富的思路去发展,才能最大限度地提高效率,尽可能地兼顾公平。

其次,要把握社会主义分配制度的"特点"。按劳分配为主体、多种分配方式并存,是中国特色社会主义市场经济的分配制度,是分配经济发展成果的根本标准。通过进一步优化国民收入分配,可以使居民收入差距更加合理,防止社会财富分配不均的问题,保持社会主义市场经济的旺盛生命力。最后,从"特色"方面把握社会主义调控手段。市场资源配置和政府宏观调控是中国特色社会主义经济的调控手段。它们不仅发挥了市场本身的自动调节作用,而且实现了政府在整体上调节经济的优势,从而实现经济发展的效益和效率最大化,为实现共同富裕奠定坚实的物质基础。

第三节　党的十六大、十七大深化推进
共同富裕的理论与实践

一、党的十六大深化推进共同富裕的认识,兼顾效率与公平

世纪之交,江泽民总结以往执政经验,创新提出"三个代表"重要思想,成为这一时期指导共同富裕的思想旗帜。"三个代表"重要思想有利于巩固党的执政地位。本质上也是一种发展思路,贯彻党的方针,以人民群众根本利益为中心,逐步关注和顾

及人民群众根本利益。不同利益集团引领人民稳步走向共同富裕。江泽民新时代的思想主张继承了邓小平共同富裕思想的核心,开始解决改革开放经济发展后出现的问题,因为他认识到邓小平后来所说的多年来,发展后的问题远大于发展本身,复杂得多。比如如何处理好开发效率和公平的关系,如何在保证开发效率的前提下保证公平合理的分配,都是开发后的难题。党的十四大以后,以江泽民为领导核心的第三代中共中央进一步推动了共同富裕的发展。这一时期,中国实现了繁荣的飞跃。江泽民接替邓小平"三步走"作为"新三步走"建设社会主义现代化国家第三阶段发展战略目标,"到2010年,国内生产总值比2000年翻一番,经济结构战略取得重大进展性别调整工作取得进展,社会主义市场经济体制进一步完善,人民生活更加富裕,到中国共产党成立100周年,国内生产总值将比2010年翻一番,工业化基本完成,经济更加发达和民主,建设科教更先进、文化更繁荣、社会更和谐、人民生活更美好的小康社会。在此基础上,我们将努力奋斗再过30年,到中华人民共和国成立100周年,基本实现现代化,进入小康发展行列,把我国建设成为富强民主文明的社会主义现代化国家。"①把全面建成小康社会作为实现共同富裕的最新成果。

党的十四大经济体制改革取得更深层次的突破,开始构建社会主义市场经济体制,逐步解放生产力,健全解放和发展生产力的有效机制,推动经济发展。推动先富带动后富成为实现共同富裕的方法,并为其提供制度支撑,丰富和发展中国特色社会主义理论。党的十五大系统阐述了社会主义初级阶段的基本纲领,首先指出:"建设中国特色社会主义经济,就是在社会主义条件下发

---

① 邓小平文选:第1、2卷[M].北京:人民出版社,1994.

展市场经济,不断解放和发展生产力……逐步走向共同富裕。"①
同时,这次党代会确立了以公有制为主体、多种所有制经济共同
发展的基本经济制度,为共同富裕的思想确立了经济制度保障。

　　在市场经济和各种所有制经济参与下,在分配范围内进行一
定的调整。党的十四大报告提出了在建立社会主义市场经济条
件下实现共同富裕的方法和途径,重新划分了"逐步实现共同富
裕"的目标,强调了分配领域,坚持了共同富裕的原则,坚持按劳
分配的分配原则,按照市场经济的公平竞争机制参与分配。切实
改善了能者"多劳多得"的观念,拉开了一定的收入差距,也将更
好地实施"先富后富"的战略措施。

　　此外,企业和机构应享有更多的分配自主权。按照国家基本
分配政策,在一定范围内调整工资水平和收入分配方式,突出按
劳分配的灵活性,更好地发挥分配对生产的反作用。党的十四届
三中全会和十五大进一步完善分配方式,指出:"个人收入分配要
坚持以按劳分配为主体,多种分配方式并存的制度。"②其他分配
方式由原来的"补充"地位变为"并存",我国分配理论和政策又一
次得到发展。按劳分配为主体的基础上,鼓励各种生产要素与经
营、收益的分配,"规范和完善其他分配形式,土地、资本、知识产
权等生产要素,按有关规定,公平参与收入分配。"③

　　由此可见,这一命题进一步完善了社会主义市场经济的分配
方式。在提高经济发展效率的同时,涉及如何处理社会公平的关
系,制定新的规划,"兼顾效率和公平。利用包括市场在内的各种
监管手段,我们不仅将鼓励先进,提高效率,合理扩大收入差距,

　　① 十二大以来重要文献选编(上、中、下)[M].北京:中央文献出版社,2011.
　　② 十三大以来重要文献选编(上、中、下)[M].北京:中央文献出版社,2011.
　　③ 十四大以来重要文献选编(上、中、下)[M].北京:中央文献出版社,2011.

而且还将防止两极分化，逐步实现共同繁荣。"①社会主义市场经济的本质是兼顾效率与公平，公平与效率的关系应当动态平衡。公平和效率是对立的，相辅相成。要在两者之间达到完全平衡几乎是不可能的。根据社会发展的现实，有时会为了效率而牺牲一些公平。当公平不平衡时，为了追求最大的公平，一些效率会降低。只有在这种动态平衡中，才能保持整体平衡。改革开放至十五大期间，我们逐步放开改革开放步伐，应对国内外机遇和挑战，增强经济实力，注重发展效益，着力实现共同富裕目标，极大地改善了人民的整体生活。

江泽民高度重视"两个大局"思想，从区域协调发展战略的角度提出了"西部大开发"战略，为实现西部地区的双赢发展提供了支撑。由于地理位置和恶劣的自然环境，中国西部的整体城市发展和基础设施建设相对落后，开放程度相对封闭。这一战略的提出，对于中西部地区的发展、基础设施建设、扩大内需、促进地区协调发展、加强民族团结、实现地区共同繁荣具有重要意义。1994年，国务院通过了《国家八七扶贫规划》。在国家经济能力建设初期，国务院加大了扶贫投入，致力于解决农村贫困人口的温饱问题。这是实现共同繁荣的重要一步。八七计划也是该国第一个有组织的扶贫计划，有明确的行动计划。扶贫目标是在大约7年内解决全国贫困地区8000万人的温饱问题。主要目标是增加贫困人口收入，加强贫困地区基础设施建设，改变贫困地区教育和卫生落后状况，普及义务教育。

2002年，中国现代生活进入了一个新阶段，人均国民生产总值超过1000美元，物质生活水平显著提高。同时，全面建设小康社会的目标也实现了。与此同时，共同富裕的发展方向呈现出许

---

① 十五大以来重要文献选编(上、中、下)[M].北京:中央文献出版社,2011.

多新的阶段性特征,人们的物质文化需求趋于多样化,社会公平意识增强。经济结构发生深刻变化,地区、城乡经济发展差距逐步拉大。十六大确定了全面建设小康社会的目标,提出本世纪头20年建设惠及10亿多人的小康社会,明确提出了共同富裕的阶段性发展目标。还提出"集体经济是公有制经济的重要组成部分,对实现共同富裕具有重要作用"。①在多种所有制经济快速发展之时,重视集体经济地位并坚持社会主义公有制经济,把握了社会主义的发展方向。

二、党的十七大不断拓展共同富裕的内容和领域

胡锦涛在庆祝中国共产党成立90周年大会的讲话中指出:"我们一定要坚定不移坚持党的十一届三中全会以来的路线方针政策坚定信心、砥砺勇气,坚持不懈把改革创新精神申贯彻到治国理政各个环节,奋力把改革开放推向前进 要坚持社会主义市场经济的改革方向,提高改革决策的科学性,增强改革措施的协调性,找准深化改革开开放的突破口,明确深化改革开放的重点,不失时机地推进重要领域和关键环节改革,继续推进经济体制、政治体制、文化体制、社会体制改革创新,继续解放利口发展社会生产力,继续推动我国社会主义制度自我完善和发展,坚决破除一切妨碍科学发展的思想观念和体制机制弊端,为推进中国特色社会主义事业注入强大大动力。"②十六届三中全会,胡锦涛提出从以人为本、全面、协调和可持续发展的科学发展观,"科学发展观,第一要义是发展,核心是以人为本,基本要求是全面协调可持续

---

① 十六大以来重要文献选编(上、中、下)[M].北京:中央文献出版社,2011.
② 胡锦涛.在庆祝中国共产党成立90周年大会上的讲话[N].人民日报,2011—07—02(002)

性,根本方法是统筹兼顾。"①在区域协调发展方面,提出了优化土地资源配置、引导跨区域东西部生产要素合作、加强实施"西部大开发"战略、积极支持东部地区对外开放、大力促进中部地区崛起、促进西部大开发、促进西部地区经济持续快速发展、加快西部大开发、全面振兴东北老工业基地,不断促进东中西部地区整体发展格局的形成。在调整城乡差距方面,党的十六届五中全会提出了建设社会主义新农村的重大历史任务。在"多给、少拿、放手"的政策下,国家先后出台了"三农"工作指导文件,加大了财政支持力度,建立了农村最低生活保障制度,大大改善了农民的生活条件。总的来说,中国已经达到了以工促农、以城带乡的发展阶段。它提出"工业养活农业,城市支持农村"②,并努力提高农民收入。党的十六届六中全会通过了《中共中央关于构建社会主义和谐社会重大问题的决定》,把社会和谐作为社会主义的本质。主要任务包括逐步扭转城乡差距扩大和区域发展的趋势,形成合理有序的收入分配格局,基本建立覆盖城乡居民的社会保障体系。

2007年党的十七大报告高度总结了中国特色社会主义道路,明确了道路发展目标。中国特色社会主义道路首先要坚持中国共产党的领导,强调实事求是、实事求是的精神,坚持四项基本原则和改革开放的发展方针,紧紧围绕社会主义解放和发展生产力的重大任务,建设社会主义市场经济、民主政治、先进文化、和谐社会等,逐步完善社会主义制度,最终目标是把中国建设成"富强民主文明和谐的社会主义现代化国家"③。同时,报告明确提出,

---

① 十七大以来重要文献选编(上、中、下)[M].北京:中央文献出版社,2011.
② 十八大以来重要文献选编(上、中、下)[M].北京:中央文献出版社,2011.
③ 习近平总书记系列重要讲话文章选编[M].北京:中央文献出版社,2016.

要坚定不移地走共同富裕道路,坚持以人为本,促进人的全面发展。2008年,提出到我们党成立100年时,建设惠及10亿多人的更高水平的小康社会。2010年,党的十七届五中全会提出,"十二五"时期是实现全面建设小康社会阶段性目标的重要时期。我们要坚定不移地走繁荣之路,丰富发展成果,让人民共享发展成果。"在当代中国,坚持发展是硬道理的本质要求就是坚持科学发展。我们要以科学发展为主题,以加快转变经济发展方式为主线,更加注重以人为本,更加注重全面协调可持续发展,更加注重统筹兼顾,更加注重改革开放,更加注重保障和改善民生,加快经济结构战略性调整,加快科技进步和创新,加快建设资源节约型、环境友好型社会,促进社会公平正义,促进经济长期平稳较快发展和社会和谐稳定,不断在生产发展、生活富裕、生态良好的文明发展道路上取得新的更大的成绩,不断为全面建成小康社会、实现中华民族伟大复兴打下更为坚实的基础。"①

在分配领域,十五大正式提出按劳分配与按生产要素分配相结合,到十六大提出"确立劳动、资本、技术和管理等生产要素按贡献参与分配的原则,完善按劳分配为主体、多种分配方式并存的分配制度。"②党的代表大会特别强调了生产要素对社会生产的贡献。要让所有生产要素的活力相互竞争,让所有社会财富来源充分流动。进一步提出了生产要素按贡献参与社会主义分配的基本原则,有利于动员各要素所有者参与经济活动,从理论上完善分配制度,更好地指导生产要素的分配,不仅是理论上的创新,也是实践上的突破。同时,非劳动收入受法律保护,改变了人们

---

① 胡锦涛.在庆祝中国共产党成立90周年大会上的讲话[N].人民日报,2011—07—02(002)

② 习近平总书记系列重要讲话读本[M].北京:人民出版社,2016.

认为非劳动收入是资本主义剥削收入的传统观念。解放了知识、技术、资本、管理和所有能够创造生产的劳动要素,这对发展社会主义经济起着重要作用。此外,对"效率"和"公平"之间的关系有了新的理解。十六大提出"初次分配注重效率,再分配注重公平"①,把维护社会公平实现共同富裕放到更加突出的位置,"依法逐步建立以权利公平、机会公平、规则公平、分配公平为主要内容的社会公平保障体系,使全体人民共享改革发展的成果,使全体人民朝着共同富裕的方向稳步前进。"②党的十六届五中全会制订的"十一五"规划时指出针对我国人民生活已达到总体小康水平,提出"更加注重社会公平,使全体人民共享改革发展成果"的要求。③在非劳动性收入受到法律保护的基础上,党的十七大进一步提出创造条件让更多的群众拥有财产性收入,并第一次提出要"逐步提高居民收入在国民收入分配中的比重,提高劳动报酬在初次分配中的比重。"④在效率与公平关系的认识上更进一步,提出"初次分配和再分配都要处理好公平和效率的关系,再分配更加注重社会公平。"⑤党的十七大报告在分配改革方面取得了许多突破,有助于缩小贫富差距。例如,首次提出提高劳动报酬在初始分配中的比例和居民收入在国民收入中的比例。这一时期,分配领域注重理顺分配关系,规范分配秩序,注重公平。

2001 年,国务院制定了《中国农村扶贫开发纲要(2001—2010)》,明确提出要巩固过去的扶贫成果。加大扶贫力度,首先解决贫困人口的温饱问题,明确贫困人口的划分。中西部边远地

① 习近平谈治国理政:第1卷[M].北京:外文出版社,2018.
② 习近平谈治国理政:第2卷[M].北京:外文出版社,2017.
③ 习近平谈治国理政:第3卷[M].北京:外文出版社,2020.
④ 中国共产党第十九次全国代表大会文件汇编[M].北京:人民出版社,2017.
⑤ 习近平新时代中国特色社会主义思想三十讲[M].北京:学习出版社,2018.

区和少数民族地区的贫困人口是扶贫的主要对象。对贫困地区
剩余劳动力实施"雨露计划",建立职业技能学校,帮助贫困地区
青年劳动力转移或解决就业困难。这一时期"以解决人民群众最
关心、最直接、最现实的利益问题为重点,着力发展社会事业、促
进社会公平正义,建设和谐文化、完善社会管理、增强社会创新活
力,走共同富裕道路。"①共同富裕思想的发展阶段,也是中国经济
快速发展的阶段。在社会主义所有制结构改革中,建立了社会主
义初级阶段的基本经济制度,并相应地建立了分配制度。要在
"三个代表"重要思想和社会主义科学思想的正确指导下,建立社
会主义市场经济体制。在共同富裕的指导下,生产力有了很大提
高,一些人先富起来,但与此同时,贫富之间存在一定的差距。因
此,不断调整分配政策,构建和谐社会已成为实现共同富裕的阶
段性目标。社会分配正义开始发挥更重要的作用,共同富裕的内
涵不断深化。

第四节　共同富裕思想的创新提升与擘画蓝图

　　党的十八大以来,以习近平同志为核心的党中央,面对国际
国内形势的深刻变化,领导全国各族人民克难攻坚、砥砺前行。
经过多年的努力,我国经济社会持续稳定发展,综合国力显著提
高;居民收入同步增长,人民获得感显著增强;基础设施建设加快
发展,民生保障不断强化。由此,共同富裕问题也日益成为人们
热议的话题。在新形势之下,以习近平同志为核心的党中央,根

---

① 中共共产党第十九届中央委员会第四次全体会议公报[M].北京:人民出版社,
2019.

据时代和实践的新要求,始终坚持以中国现实问题为导向,以人民为中心,不断探索和推进共同富裕。通过对共同富裕思想的完善与创新,新时代后中国共产党人的共同富裕思想体系更加体系化与科学化。

一、推进共同富裕思想的理论创新

从共同富裕的内涵看,"共同富裕是社会主义的本质要求,是中国式现代化的重要特征。我们说的共同富裕是全体人民共同富裕,是人民群众物质生活和精神生活都富裕,不是少数人的富裕,也不是整齐划一的平均主义。"①

（一）共同富裕是中国特色社会主义的本质要求,是社会主义本质理论在新时代的赓续和拓新

首先,共同富裕作为社会主义的本质要求,是社会主义本质理论在新时期的延续和拓展。社会主义本质是新时期中国共产党人在回答什么是社会主义、建设什么样的社会主义这一基本理论问题时作出的重要概括。1992年初,邓小平同志在视察南方谈话中指出:"社会主义的本质,是解放生产力,发展生产力,消灭剥削,消除两极分化,最终达到共同富裕。"②这一总结充分阐释了社会主义本质的内涵,突出了社会主义本质中的三个基本问题:一是强调解放和发展生产力是社会主义革命、建设和改革的根本任务;第二,消除剥削和两极分化是社会主义发展的根本方向;第三,逐步实现共同富裕是社会主义发展的根本目标。

习近平总书记提出共同富裕是社会主义的本质要求,是对社会主义本质理论的新的阐释。2012年12月,党的十八大召开

---

① 习近平.扎实推动共同富裕[J].求是,2021(20):4—8.
② 邓小平文选:第3卷[M].北京:人民出版社,1993:373.

后不久,习近平总书记就提出:"消除贫困、改善民生、实现共同富裕,是社会主义的本质要求。"提出共同富裕是社会主义的本质要求。首先,从社会主义的整体性质出发,强调共同富裕是"本质要求",归根结底是"根本要求"。习近平总书记在《关于〈中共中央关于制定国民经济和社会发展第十四个五年规划和二〇三五年远景目标的建议〉的说明》中指出:"共同富裕是社会主义的本质要求,是人民群众的共同期盼。我们推动经济社会发展,归根结底是要实现全体人民共同富裕。"总的来说,我们应该以解放和发展生产力为根本手段,以消除剥削和两极分化为根本前提,突出最终实现共同富裕的"基本要求"。其次,从社会主义本质和以人为本发展思想的双重意义出发,强调共同富裕是具有"奋斗目标"含义的"本质要求"。习近平总书记指出:"让广大人民群众共享改革发展成果,是社会主义的本质要求,是社会主义制度优越性的集中体现,是我们党坚持全心全意为人民服务根本宗旨的重要体现。"共同富裕始终坚持以人民为中心的思想,从原本社会主义本质的基本内涵变升为社会主义的本质要求,这也是表明了新时代下需要充分坚持和发展中国特色社会主义,这是其内在要求。同时,在新时代,社会主义本质理论被赋予了新的内涵。

在新时代下,共同富裕与社会主义基本经济制度依旧是息息相关,其中缘由与社会主义的分配关系以及总体上的要求相关。通过对社会主义生产关系以及分配关系的涵义的认知后,可以得知,生产资料所有制是生产关系的核心,社会的基本性质和发展方向都被其具有决定权,并由此得知,分配和生产的关系在于分配决定生产,并对其起到反作用的效果,而且在生产力的发展上,分配方式相当重要,只有当一切社会成员尽可能全面地发展自己的能力时,生产力能够得到很大程度的提高。在当前新时代下,中国特色社会主义基本经济制度中,生产条件的分配在社会中起到决定性作用的还是需要对生产资料进行分配,由此能够决定人们在分配中的地位,但事实上,社会中有着规定好的分配方式,对生产也起到反作用的效果,决定了社会中每一位成员的地位。基于此,习近平总书记提出了具有中国特色社会主义经济关系的分配制度,即,做到发展为了人民、依靠人民、成果由人民共享。这种分配制度安排,可以使得全体人民在共同富裕的道路上越走越远,避免出现富有者越来越有钱,贫穷者越来越穷的现象。

然而,共同富裕在社会主义的道路上越走越远的同时,也会对资本主义基本经济制度中的"两极分化"具有一定的影响,势必会发生对立的情形。之所以会发生这种情形,因为在资本主义经济中,其在资源配置上,效率与公平之间的关系不能达到很好的平衡,对制度上存在的两极分化问题不能从根部解决,而且两极分化又是资本主义经济关系的本质规定。但不同的是,在社会主义经济中,公平与效率不仅需要妥善处理好,还需要进一步解决好制度上有关共同富裕的本质要求的问题。首先,要明确的一点是,公平与效率之间的体制性关系与共同富裕的体制性关系之间不能划等号,并且二者之间也不能相互对立,因为公平与效率是共同富裕的体制性基础,共同富裕又是公平与效率的制度性跃升。现在,我们朝着第二个百年目标奋勇前进,这是一个历史性时刻,习近平总书记再一次提出了共同富裕是社会主义本质的要求,最重要的是强调了共同富裕是社会主义制度的根本性质,对实现共同富裕的本质要求具有制度性、体制性,并从本质要求上对共同富裕的战略性问题作出新的阐述以及布局。

（二）共同富裕是对新发展阶段社会主要矛盾发展趋势的深刻把握

共同富裕是社会主义的本质要求，是社会主要矛盾在新发展阶段作用的必然结果，是对新发展阶段根本目标的深刻把握。当前，社会主要矛盾已经逐步开始发生变化，并且愈加明显。其中，人民美好生活的需要也更加显现。在"十四五"时期的新发展阶段，随着生活水平的逐渐提高，人民群众对美好生活，即物质、文化、民主等多方面越来越向往，使得人民至上，以人民为中心的发展思想更加突出。相反，美好生活的各个方面又是社会的需求，主要是经济、政治、文化、社会、生态文明提供的。由此，如若说美好生活的需求与经济、政治、文化、生态文明以及社会的发展水平不均衡的话，很明显会造成二者之间的矛盾。但我国目前正处于发展不平衡不充分的阶段，主要有六大方面的问题，即创新能力与高质量的发展要求不相适应，农业基础不够扎实，城乡区域发展以及收入差距较大，生态文明问题较突出，民生保障存在短板以及社会治理方面存在弱项。在这几个问题里面，最重要的要数后四个问题，这几个与美好生活需要的基本内涵相挂钩，也是实现共同富裕本质要求的主要方面，也就是说，如若解决好这些成为社会矛盾的关键问题，并且把实现共同富裕作为社会主义的本质要求，将会对新发展阶段的经济社会发展有着很大的帮助。

党的十八大以来，以习近平同志为核心的党中央把逐步实现全体人民共同富裕摆在更加突出的位置，采取了一系列有力和有效措施保障和改善民生，扎实推进共同富裕。促进全体人民共同富裕，是以满足"美好生活"的需要为聚焦点的，也是形成新发展阶段的新的发展极和着力点的根据和立场。党的十九大对第二个百年奋斗目标作出的部署,一是在对 2035 年基本实现社会主义现代化战略目标的阐释中,明确提出达到"全休人民共同富裕迈出坚实步伐"的要求;二是在对 2035 年到本世纪中叶建成富强民主文明和谐美丽的社会主义现代化强国的战略目标中,明确提出达到"全体人民共同富裕基本实现"的要求。从"全体人民共同富裕迈出坚实步伐"到"全体人民共同富裕基本实现",擘画了在"第二个百年"实现共同富裕这一社会主义的本质要求的战略步骤和进军路线。①

在十九届五中全会上,提出了要把促进全体人民共同富裕的本质要求作为新发展阶段中实现第二个百年奋斗目标中最重要的目标,要将其放在首位,为未来谋划更远的共同富裕目标。五中全会上通过的相关建议中不仅指出了共同富裕是社会主义的本质要求,还为如何实现共同富裕本质要求作出了详细的规划,特别说明了要"扎实推动共同富裕,不断增强人民群众获得感、幸福感、安全感,促进人的全面发展和社会全面进步"的目标《中共中央关于制定国民经济和社会发展第十四个五年规划和二〇三五年远景目标的建议》在对逐步实现共同富裕本质要求的主要措施上,强调"完善工资制度,健全工资合理增长机制,着力提高低收入群体收入,扩大中等收入群体。完善按要素分配政策制度,健全各类生产要素由市场决定报酬的机制,探索通过土地、资本等要素使用权、收益权增加中低收入群体要素收入。多渠道增加城乡居民财产性收入。完善再分配机制,加大税收、社保、转移支付等调节力度和精准性,合理调节过高收入,取缔非法收入。发挥第三次分配作用,发展慈善事业,改善收入和财富分配格局"。在"第二个百年"启程之际,这些部署和措施的提出,凸显了新发

---

① 顾海良.共同富裕是社会主义的本质要求[J].红旗文稿,2021(20):4—11.

展阶段实现共同富裕本质要求的战略意义和方略举要。①

（三）共同富裕彰显了"中国式现代化"的显著特征

在 2021 年 8 月 17 日召开的中央财经委员会第十次会议上，总书记强调，共同富裕"是中国式现代化的重要特征"。党的十八大以来，总书记多次强调，共同富裕是社会主义现代化的一个重要目标。2012 年 11 月 15 日，在十八届中央政治局常委中外记者见面会上，总书记指出：我们的责任，就是要团结带领全党全国各族人民，继续解放思想，坚持改革开放，不断解放和发展社会生产力，努力解决群众的生产生活困难，坚定不移走共同富裕的道路。

"中国式现代化"是中国"独特的文化传统、独特的历史命运和独特的基本国情，使我们必须走符合自己特点的发展道路"的原则之一。在总结"中国式现代化"在新发展阶段的基本特征时，习近平总书记提出："我国现代化是人口规模巨大的现代化，是全体人民共同富裕的现代化，是物质文明和精神文明相协调的现代化，是人与自然和谐共生的现代化，是走和平发展道路的现代化。"全体人民共同富裕作为"中国现代化"的重要特征，突出了全体人民共同富裕的整体性，是人民物质生活和精神生活各方面的全面小康，在劳动共享的基础上，在逐步推进和实施共同富裕的过程中，进一步丰富共同富裕的内涵是社会主义的基本要求。

社会主义现代化的重要目标之一就是共同富裕，而社会主义现代化中的美好生活又是共同富裕本质要求的真实写照。社会主义现代化具有两个方面的特征，第一个就是美好生活，即物质、文化、民主、政治等多方面范围的涵盖全面性。第二个就是实现美好生活的具体操作性，比如其公共性、共享性是社会主义的本质要求，习近平总书记指出："共同富裕是全体人民的富裕，是人

① 顾海良.共同富裕是社会主义的本质要求[J].红旗文稿,2021(20):4—11.

民群众物质生活和精神生活都富裕,不是少数人的富裕,也不是整齐划一的平均主义,要分阶段促进共同富裕。"①共同富裕作为社会主义的本质要求,在"中国式现代化"过程中,呈现出以下四个方面特征。

首先,共同富裕和"中国式现代化"都是以中国特色社会主义制度为基础和前提的。2021年1月,在省部级主要领导干部学习贯彻十九届五中全会精神专题研讨班的开班式上,习近平总书记指出:"实现共同富裕不仅是经济问题,而且是关系党的执政基础的重大政治问题"。也就是说,实现共同富裕与社会主义现代化之间有着密切的关系,在现代化强国中实现共同富裕,可以使得中国共产党的领导基础更加坚实。而在对共同富裕是社会主义本质要求的新解释中,习近平总书记强调:"适应我国社会主要矛盾的变化,更好满足人民日益增长的美好生活需要,必须把促进全体人民共同富裕作为为人民谋幸福的着力点,不断夯实党长期执政基础。"

其次,共同富裕的实现是循序渐进的,具有逐步实现的过程特征。作为全体人民的共同富裕,既不是一朝一夕的事,也不是齐头并进的。共同富裕具有逐步实现的特点,特别是在中国经济社会的现实发展中,在逐步实现共同富裕的过程中,必须有步骤、专注。在这个过程中,特别要促进农民农村共同富裕,巩固和扩大脱贫攻坚成果,全面推进乡村振兴,加强农村基础设施和公共服务体系建设,改善民生,农村环境,农村农民共同富裕是逐步实现共同富裕过程中的关键点。2017年12月,习近平总书记在中央农村工作会议上提出:"壮大农村集体经济,是引领农民实现共同富裕的重要途径。要在搞好统一经营服务上、在盘活用好集体资

---

① 习近平.扎实推动共同富裕[J].求是,2021(20):4—8.

源资产上、在发展多种形式的股份合作上多想办法。"实施乡村振兴战略,要把共同富裕的本质要求放在重要位置,坚持乡村振兴战略的政治方向,坚持农村土地集体所有制性质,发展新型集体经济,走共同富裕道路。

接着,共同富裕具有涵盖"美好生活"各个方面的全面性特征。共同富裕中的"富裕"不是单一的物质富裕,而是全面的富裕。在繁荣的内涵和发展中,特别要促进人民群众精神生活的共同富裕,加强社会主义核心价值观的引领,不断满足人民群众多样化需求。1891年,恩格斯在探索未来"新的社会制度"中人民群众需要满足状况时提到,"人人也都将同等地、愈益丰富地得到生活资料、享受资料、发展和表现一切体力和智力所需的资料。"①恩格斯所说的生活、享受、发展资料,一般都涵盖了"美好生活"的基本方面,在层次上呈现"美好生活"的全面性。共同富裕的特点是"中国式现代化"中的"现代化与物质文明和精神文明相协调"。

最后,共同富裕以形成共建共治共享社会治理制度为过程特征。党的十九届四中全会提出坚持和完善共建、共治、共享的社会治理体系,对如何实现共同富裕作出了更加准确的表述。人民群众共同参与社会建设,共同参与社会治理,共同享受建设成果,最终实现共同富裕,即共建、共治、共享财富。习近平总书记提出:"要鼓励勤劳创新致富,坚持在发展中保障和改善民生,为人民提高受教育程度、增强发展能力创造更加普惠公平的条件,畅通向上流动通道,给更多人创造致富机会,形成人人参与的发展环境。"在制定"十四五"规划中,习近平总书记进一步指出:"要完善共建共治共享的社会治理制度,实现政府治理同社会调节、居民自治良性互动,建设人人有责、人人尽责、人人享有的社会治理

---

① 马克思恩格斯选集:第1卷[M].北京:人民出版社,2012:326.

共同体。"共同富裕作为社会主义的本质要求，也是在"完善共建共治共享的社会治理制度"中实现的。[①]

（四）共同富裕是对中华民族伟大复兴主题的深入探索

在当代中国，实现中华民族伟大复兴进入了不可逆转的历史进程。特别是改革开放40多年，我们先后从初步建成小康社会到全面建成小康社会，再到全面建成小康社会全方位的。在庆祝中国共产党成立100周年大会上，习近平总书记庄严宣告："经过全党全国各族人民持续奋斗，我们实现了第一个百年奋斗目标，在中华大地上全面建成了小康社会，历史性地解决了绝对贫困问题，正在意气风发向着全面建成社会主义现代化强国的第二个百年奋斗目标迈进。"

实现中华民族伟大复兴，是中国共产党百年奋斗的主题，也是中国共产党始终不忘初心、锐意进取的主题。新中国成立后，中国共产党在完成实现民族独立和人民解放的第一项重大历史任务后，进入了实现国家富强、共同富裕的第二项重大历史任务的新发展进程。1955年10月，在对社会主义改造前景问题的探讨中，毛泽东同志从"自己要掌握自己的命运"的高度提出："现在我们实行这么一种制度，这么一种计划，是可以一年一年走向更富更强的，一年一年可以看到更富更强些。而这个富，是共同的富，这个强，是共同的强"。毛泽东同志强调："这种共同富裕，是有把握的，不是什么今天不晓得明天的事。"[②]毛泽东同志揭示了共同富裕与中国将建立的社会主义基本制度的内在联系，深刻表达了实现共同富裕对我国和民族命运的重大历史意义。

改革开放新时期，邓小平同志再次提出共同富裕问题。1990

---

① 顾海良.共同富裕是社会主义的本质要求[J].红旗文稿,2021(20):4—11.

② 毛泽东文集:第6卷[M].北京:人民出版社,1999:495—496.

年12月,邓小平同志提出:"共同致富,我们从改革一开始就讲,将来总有一天要成为中心课题。社会主义不是少数人富起来、大多数人穷,不是那个样子。社会主义最大的优越性就是共同富裕,这是体现社会主义本质的一个东西。"①邓小平同志把共同富裕作为社会主义的中心问题,作了反映社会主义本质的重要概括。在20世纪和21世纪的变迁中,江泽民同志从坚持和发展中国特色社会主义的高度强调,"实现共同富裕是社会主义的根本原则和本质特征,不容动摇"。进入21世纪,胡锦涛同志把共同富裕道路同人的全面发展联系起来,"让全体人民共享改革发展成果,让全体人民稳步迈向共同富裕"。共同富裕作为社会主义的本质要求,与发展中国特色社会主义道路、与中华民族伟大复兴的伟大事业息息相关。

党的十八大以来,中国共产党在实现社会主义现代化进程中实现新的历史性跨越,以中华民族伟大复兴为主题,不断谱写新篇章。2012年11月,在党的十八届中央政治局常委同中外记者见面时,习近平总书记就提出:"中国共产党成立后,团结带领人民前仆后继、顽强奋斗,把贫穷落后的旧中国变成日益走向繁荣富强的新中国,中华民族伟大复兴展现出前所未有的光明前景。我们的责任,就是要团结带领全党全国各族人民,接过历史的接力棒,继续为实现中华民族伟大复兴而努力奋斗,使中华民族更加坚强有力地自立于世界民族之林,为人类作出新的更大的贡献。"与此同时,习近平总书记也提出:"人民对美好生活的向往,就是我们的奋斗目标。人世间的一切幸福都需要靠辛勤的劳动来创造。我们的责任,就是要团结带领全党全国各族人民,继续解放思想,坚持改革开放,不断解放和发展社会生产力,努力解决群众

---

① 邓小平文选:第3卷[M].北京:人民出版社,1993:364.

的生产生活困难,坚定不移走共同富裕的道路。"这是党的十八大刚结束,习近平总书记任总书记后的第一次公开讲话,就向世界宣布了中华民族伟大复兴的历史任务同实现全体人民共同富裕之间的紧密联系。这凸显了共同富裕作为社会主义的本质要求,在中华民族伟大复兴进程中的地位和作用,必将对新发展阶段丰富和发展中华民族伟大复兴的主题产生重要的影响。

二、"共享共富",共同富裕思想的实践成效显著

推进共同富裕思想理论的发展,逐渐达到共同富裕思想的实践成效显著,实现"共享共富"。在实现共同富裕思想的过程中,虽经历了许多挫折,但其成效非常显著。不仅取得了脱贫攻坚胜利,进一步巩固了成果,并在此基础上努力向第二个百年奋斗目标前进,全面建成小康社会,努力保障和改善民生,以人民美好生活为奋斗目标。

（一）脱贫攻坚胜利,进一步巩固成果

习近平总书记在庆祝中国共产党成立 100 周年大会上的重要讲话中指出:"经过全党全国各族人民持续奋斗,我们实现了第一个百年奋斗目标,在中华大地上全面建成了小康社会,历史性地解决了绝对贫困问题"。[①]通过实施脱贫攻坚,农村脱贫成效明显。现行标准下,9899 万农村贫困人口全部脱贫,832 个贫困县全部脱贫,12.8 万个贫困村全部挂牌,区域贫困全面脱贫。在共同发展理念指导下,通过扶贫协作、政府、市场、社会联动,专项扶贫、产业扶贫、社会扶贫得到有效实施,形成了保障这些贫困人口的大规模扶贫格局。共同发展坚持以人民为中心,着力解决人民群

① 习近平.在庆祝中国共产党成立 100 周年大会上的讲话[N].人民日报,2021—07—02(002).

众最关心、最直接、最现实的利益,不断促进经济社会发展。全面建成小康社会,是实现中华民族伟大复兴的关键一步,为全人类全面共享奠定了重要基础。

习近平在全国脱贫攻坚总结表彰大会上的讲话中指出:"8年来,党中央把脱贫攻坚摆在治国理政的突出位置,把脱贫攻坚作为全面建成小康社会的底线任务,组织开展了声势浩大的脱贫攻坚人民战争。党和人民披荆斩棘、栉风沐雨,发扬钉钉子精神,敢于啃硬骨头,攻克了一个又一个贫中之贫、坚中之坚,脱贫攻坚取得了重大历史性成就。党的十八大以来,党中央鲜明提出,全面建成小康社会最艰巨最繁重的任务在农村特别是在贫困地区,没有农村的小康特别是没有贫困地区的小康,就没有全面建成小康社会;强调贫穷不是社会主义,如果贫困地区长期贫困,面貌长期得不到改变,群众生活水平长期得不到明显提高,那就没有体现我国社会主义制度的优越性,那也不是社会主义,必须时不我待抓好脱贫攻坚工作。2012年年底,党的十八大召开后不久,党中央就突出强调,'小康不小康,关键看老乡,关键在贫困的老乡能不能脱贫',承诺'决不能落下一个贫困地区、一个贫困群众',拉开了新时代脱贫攻坚的序幕。2013年,党中央提出精准扶贫理念,创新扶贫工作机制。2015年,党中央召开扶贫开发工作会议,提出实现脱贫攻坚目标的总体要求,实行扶持对象、项目安排、资金使用、措施到户、因村派人、脱贫成效'六个精准',实行发展生产、易地搬迁、生态补偿、发展教育、社会保障兜底'五个一批',发出打赢脱贫攻坚战的总攻令。2017年,党的十九大把精准脱贫作为三大攻坚战之一进行全面部署,锚定全面建成小康社会目标,聚力攻克深度贫困堡垒,决战决胜脱贫攻坚。2020年,为有力应对新冠肺炎疫情和特大洪涝灾情带来的影响,党中央要求全党全国以更大的决心、更强的力度，做好'加试题'、打好收官战，信心百倍向着脱贫攻坚的最后胜利进军。"①

脱贫攻坚战的全面胜利，标志着我们党在团结带领人民创造美好生活、实现共同富裕的道路上迈出了坚实的一大步。同时，脱贫摘帽不是终点，而是新生活、新奋斗的起点。解决发展不平衡不充分问题、缩小城乡区域发展差距、实现人的全面发展和全体人民共同富裕仍然任重道远。我们没有任何理由骄傲自满、松劲歇脚，必须乘势而上、再接再厉、接续奋斗。

巩固拓展脱贫攻坚成果同乡村振兴有效衔接。习近平总书记指出："脱贫摘帽不是终点，而是新生活、新奋斗的起点。"巩固拓展脱贫攻坚成果同乡村振兴有效衔接，是使脱贫基础更加稳固、成效更可持续的重要之举，也是共享发展的应有之义，能够为共享发展提供坚实基础和重要保障。民族要复兴，乡村必振兴。坚持人人共建、人人共享，才能扎实推进巩固拓展脱贫攻坚成果与乡村振兴有效衔接。坚持农民主体地位，发挥群众首创精神，有利于持续增强乡村内生动力。坚持摘帽不摘责任、摘帽不摘政策、摘帽不摘帮扶、摘帽不摘监管，保持现有帮扶政策、资金支持、帮扶力量总体稳定，有利于防止发生返贫现象。开展就业帮扶合作，坚持就近就地就业和有序转移输出就业有机结合，有利于推进乡村经济社会发展和民生改善。巩固拓展脱贫攻坚成果与乡村振兴有效衔接是渐进共享的阶段性体现。共享发展需要循序渐进，有步骤地进行。巩固拓展脱贫攻坚成果与乡村振兴有效衔接，有助于推动减贫战略和工作体系平稳转型，统筹纳入乡村振兴战略，建立起长短结合、标本兼治的体制机制，稳步推动贫困地

---

① 习近平.在全国脱贫攻坚总结表彰大会上的讲话[N].人民日报，2021—02—26(002).

区走向全面振兴。①

最后,为促进共同富裕创造良好条件。习近平总书记指出:"共享理念实质就是坚持以人民为中心的发展思想,体现的是逐步实现共同富裕的要求。共同富裕,是马克思主义的一个基本目标,也是自古以来我国人民的一个基本理想。"共享发展强调普遍共享、全面共享、共建共享、渐进共享。在共享理念指导下,党中央把逐步实现全体人民共同富裕放在更加重要的位置,采取有力措施保障和改善民生,打赢脱贫攻坚战,建成小康社会 社会全面发展,为促进共同富裕创造了有利条件。

共同富裕是全体人民的共同期盼,强调让发展成果更多更公平惠及全体人民。实现共同富裕是共享发展的必然要求和集中体现。共享发展注重解决社会公平正义问题。通过更合理有效的制度安排,保障人民平等参与、平等发展权利;通过完善收入分配制度,保障社会成员劳有所得,以"人人奋斗"实现"人人享有";通过建立完善社会保障制度,形成了更加和谐的社会氛围和宜居宜业的生活环境,不断满足人民过上美好生活的新期待,不断推进全体人民共同富裕。②

(二)全面建成小康社会,向第二个百年奋斗目标前进

习近平总书记在庆祝中国共产党成立100周年大会上的重要讲话中指出:"党的十八大以来,中国特色社会主义进入新时代,我们坚持和加强党的全面领导,统筹推进'五位一体'总体布局、协调推进'四个全面'战略布局,坚持和完善中国特色社会主义制度、推进国家治理体系和治理能力现代化,坚持依规治党、形成比较完善的党内法规体系,战胜一系列重大风险挑战,实现第一个

---

① 燕连福.共享发展理念的深刻内涵及理论贡献[N].经济日报,2021—10—27.
② 燕连福.共享发展理念的深刻内涵及理论贡献[N].经济日报,2021—10—27.

百年奋斗目标，明确实现第二个百年奋斗目标的战略安排，党和国家事业取得历史性成就、发生历史性变革，为实现中华民族伟大复兴提供了更为完善的制度保证、更为坚实的物质基础、更为主动的精神力量。中国共产党和中国人民以英勇顽强的奋斗向世界庄严宣告，中华民族迎来了从站起来、富起来到强起来的伟大飞跃，实现中华民族伟大复兴进入了不可逆转的历史进程！"[①]

全面建成小康社会是一代代中国共产党人带领人民接续奋斗的伟大成果。中国共产党人的初心和使命是为中国人民谋幸福、为中华民族谋复兴。"我们党从一成立就团结带领人民为创造美好生活进行不懈奋斗。改革开放之初，邓小平同志用'小康'来诠释中国式现代化，提出'在中国建立一个小康社会'的奋斗目标。在全党全国各族人民共同努力下，这个目标在上世纪末如期实现，人民生活总体上达到小康水平。在这个基础上，党的十六大提出本世纪头20年全面建设惠及十几亿人口的更高水平的小康社会的奋斗目标。扭住这个奋斗目标，一茬接着一茬干，一棒接着一棒跑。党的十八大提出'全面建成小康社会'，把'建设'调整为'建成'，顺应了人民的新要求，彰显了党团结带领人民夺取全面建成小康社会胜利的坚定决心。"[②]

全面小康重在全面。"覆盖的领域要全面，是'五位一体'全面进步的小康，要求经济更加发展、民主更加健全、科教更加进步、文化更加繁荣、社会更加和谐、人民生活更加殷实；覆盖的人口要全面，是惠及全体人民的小康；覆盖的区域要全面，是城乡区域共同发展的小康。以习近平同志为核心的党中央团结带领全国各

---

① 习近平.在庆祝中国共产党成立100周年大会上的讲话[N].人民日报，2021—07—02(002).

② 杨煌.全面建成小康社会的重大意义与启示[J].新西藏(汉文版)，2021(S1)：26—28.

族人民,统筹推进'五位一体'总体布局、协调推进'四个全面'战略布局,贯彻新发展理念,推动高质量发展,脱贫攻坚战取得全面胜利,如期实现全面建成小康社会目标。实践证明,全面建成小康社会,不是一个'数字游戏'或'速度游戏',而是一个实实在在的目标,能够得到人民认可、经得起历史检验。"①

全面建成小康社会,历史性地解决了绝对贫困问题。打赢脱贫攻坚战,是全面建成小康社会的底线任务和标志性指标。我国脱贫攻坚战取得了全面胜利,现行标准下9899万农村贫困人口全部脱贫,832个贫困县全部摘帽,12.8万个贫困村全部出列,区域性整体贫困得到解决,农村贫困人口收入水平显著提高,全部实现"两不愁三保障",脱贫群众不愁吃、不愁穿,义务教育、基本医疗、住房安全有保障,饮水安全也都有了保障。

全面建成小康社会,国家综合实力迈上了一个大台阶。"我国国内生产总值从1952年的679.1亿元跃升至2020年的101.6万亿元,实际增长约189倍。人均国内生产总值从新中国成立初期的几十美元增加到2020年的超过1万美元,实现了从低收入国家向中低收入国家、再到中高收入国家的跃升。我国城镇化率超过60%,中等收入群体超过4亿人,我国已经稳居世界第二大经济体,成为第一大工业国、第一大货物贸易国、第一大外汇储备国。我国是全球唯一拥有联合国产业分类中全部工业门类的国家,220多种工业产品产量居世界第一,重大科技成果持续涌现,科技进步对经济增长的贡献率超过60%,实现了从农业大国到工业大国的历史性转变。"②

---

① 杨煌.全面建成小康社会的重大意义与启示[J].新西藏(汉文版),2021(S1):26—28.

② 杨煌.全面建成小康社会的重大意义与启示[J].新西藏(汉文版),2021(S1):26—28.

全面建成小康社会，人民群众的获得感、幸福感、安全感明显提升。"十三五"期间，城镇新增就业人数累计超过6000万人，基本医疗保险覆盖超过13亿人，基本养老保险覆盖近10亿人，建成世界上规模最大的社会保障体系……一系列数据彰显了人民群众的实际生活状态和现实获得感。绿水青山就是金山银山理念成为全党全社会的共识和行动，生态环境保护发生历史性、转折性、全局性变化，人民群众越来越多地享受到天更蓝、山更绿、水更清的优美环境。

全面建成小康社会为实现第二个百年奋斗目标带来深刻启示。"全面建成小康社会，中国共产党向人民、向历史交出了一份优异的答卷，生动阐释了中国共产党为什么能、马克思主义为什么行、中国特色社会主义为什么好，为我们全面建设社会主义现代化国家、实现第二个百年奋斗目标带来深刻启示。走自己的路，是党的全部理论和实践立足点，更是党百年奋斗得出的历史结论。中国特色社会主义是中国共产党和人民历经千辛万苦、付出巨大代价取得的根本成就，是实现中华民族伟大复兴的正确道路。全面建成小康社会，充分说明中国特色社会主义是一条成功之路。新的征程上，无论遇到什么风浪，在坚持中国特色社会主义道路这个根本问题上都要一以贯之，在自己选择的道路上昂首阔步走下去，把中国发展进步的命运牢牢掌握在自己手中。"①

（三）保障和改善民生，以人民美好生活为奋斗目标

习近平总书记在庆祝中国共产党成立100周年大会上的重要讲话中指出："以史为鉴、开创未来，必须团结带领中国人民不断为美好生活而奋斗。江山就是人民、人民就是江山，打江山、守江

---

① 杨煌.全面建成小康社会的重大意义与启示[J].新西藏（汉文版），2021(S1)：26—28.

山,守的是人民的心。中国共产党根基在人民、血脉在人民、力量在人民。中国共产党始终代表最广大人民根本利益,与人民休戚与共、生死相依,没有任何自己特殊的利益,从来不代表任何利益集团、任何权势团体、任何特权阶层的利益。任何想把中国共产党同中国人民分割开来、对立起来的企图,都是绝不会得逞的!9500多万中国共产党人不答应! 14亿多中国人民也不答应!"①

改革开放以后,我国人民生活显著改善,社会治理明显改进。同时,随着时代发展和社会进步,人民对美好生活的向往更加强烈,对民主、法治、公平、正义、安全、环境等方面的要求日益增长。"党的十八大以来,以习近平同志为核心的党中央高度重视社会建设,以保障和改善民生为重点加强社会建设,尽力而为、量力而行,一件事情接着一件事情办,一年接着一年干,在幼有所育、学有所教、劳有所得、病有所医、老有所养、住有所居、弱有所扶上持续用力,加强和创新社会治理,使人民获得感、幸福感、安全感更加充实、更有保障、更可持续。"②

就业是最大的民生。"我国有14亿多人口,约9亿劳动力。一户户渴求安居乐业的家庭,一个个想要通过拼搏实现理想的创业者,不仅要'好就业',更期盼'就好业'。实施就业优先政策,推动实现更加充分、更高质量就业。面对就业总量压力和结构性矛盾并存的状况,千方百计稳定和扩大就业,进一步补齐公平就业、劳动报酬、强制休息、劳动安全等方面的制度短板。'十三五'时期,我国城镇新增就业累计超过6000万人。从传统就业方式到新就业形态,劳动者的就业观念深刻变革、就业空间更加广阔、就业方

---

① 习近平.在庆祝中国共产党成立100周年大会上的讲话[N].人民日报,2021—07—02(002).

② 本报评论部.人民对美好生活的向往不断变为现实[N].人民日报,2021—12—06(005).

式日益多元。我国灵活就业人员已达2亿人。"①

　　不让一个学生因家庭经济困难而失学。着力构建优质均衡的基本公共教育服务体系，着力改善乡村、山区、边远地区教学条件。我国已建立较完善的国家学生资助政策体系。2021年，全国脱贫家庭辍学学生持续保持动态清零。国家财政性教育经费占国内生产总值比例连续多年保持在4%以上，九年义务教育普及程度超过高收入国家平均水平，成为世界高等教育第一大国，建成世界上规模最大的职业教育体系。"双减"政策下，让教育回归本质，越来越多的孩子脸上洋溢着快乐、纯真的笑容。党的十八大以来，我国全面贯彻党的教育方针，优先发展教育事业，明确教育的根本任务是立德树人，培养德智体美劳全面发展的社会主义建设者和接班人，深化教育教学改革创新，促进公平和提高质量，推进义务教育均衡发展和城乡一体化，全面推行国家通用语言文字教育教学，规范校外培训机构，积极发展职业教育，推动高等教育内涵式发展，推进教育强国建设，办好人民满意的教育。

　　把保障人民健康放在优先发展的战略位置。全面推进健康中国建设，坚持预防为主的方针，深化医药卫生体制改革，引导医疗卫生工作重心下移、资源下沉，及时推动完善重大疫情防控体制机制、健全国家公共卫生应急管理体系，促进中医药传承创新发展，健全遍及城乡的公共卫生服务体系。我国基本实现村村有卫生室、乡乡有卫生院，满足群众就近"看得好病"的需求。中国特色基本医疗卫生制度框架基本建立，截至2020年底，全国县域内就诊率已达到94%，比2015年同期增长10个百分点。84%的县级医院达到二级及以上医院水平，远程医疗协作网覆盖所有地级市和所有贫困县。

---

① 新华社记者.坚持在发展中保障和改善民生[J].求是，2022—8—16.

　　"一老一小",是关系社会和谐稳定的重大民生问题。我国建成世界上规模最大的社会保障体系,10.2亿人拥有基本养老保险,13.6亿人拥有基本医疗保险,社会保障卡持卡人数超过13亿人。调整优化生育政策,先后作出全面两孩、实施三孩生育政策,促进生育政策和相关经济社会政策配套衔接,加快发展普惠托育服务体系,促进人口长期均衡发展。加强人口发展战略研究,积极应对人口老龄化,加快建设养老服务体系。注重家庭家教家风建设,保障妇女儿童权益。加快发展残疾人事业,残疾人权益保障更加有力,8500万残疾人同步迈入小康。

　　促进收入分配更合理更有序。我国有着世界上规模最大、成长最快的中等收入群体,总量超过4亿人。党的十八大以来,我国努力建设体现效率、促进公平的收入分配体系,调节过高收入,取缔非法收入,增加低收入者收入,稳步扩大中等收入群体,推动形成橄榄型分配格局,居民收入增长与经济增长基本同步,农村居民收入增速快于城镇居民。坚持房子是用来住的、不是用来炒的定位,加快建立多主体供给、多渠道保障、租购并举的住房制度,加大保障房建设投入力度。累计建设各类保障性住房和棚改安置房8000多万套,帮助2亿多困难群众改善住房条件,低保、低收入住房困难家庭基本实现应保尽保……城乡居民住房条件明显改善。整治农村人居环境,"小厕所"连着"大民生"。随着"厕所革命"深入推进,2018年以来,全国已累计改造农村户厕4000多万户,农村卫生厕所普及率达到七成左右。不断改善人居环境,缩小城乡差距,深入推进以人为核心的新型城镇化,提高公共服务可及性和均等化水平。①

----

① 新华社记者.坚持在发展中保障和改善民生[J].求是,2022—8—16.

第四章 新时代中国特色共同富裕思想新的发展、新的实践

第一节 坚持以人民为中心发展思想

一、实现全体人民的共同富裕是中国共产党的初心和使命

中国共产党是坚持以马克思主义为根本指导的工人阶级政党,人民群众作为实践的主体和历史的创造者,是推动人类社会前进发展的力量源泉,这就决定了我们党坚持以人民为中心的政党性质。中国共产党从建立之初,就确立了为中国人民谋幸福的初心使命,并将其贯穿于党的百年历程。从新民主主义革命到社会主义革命和建设,从改革开放到社会主义现代化建设,直至中国特色社会主义新时代,我们党始终把握了百年辉煌的成功密码,那就是始终牢记为人民谋幸福、为民族谋复兴的初心使命,始终坚持全心全意为人民服务的根本宗旨。

共同富裕是中国共产党为人民谋幸福的着力点。马克思、恩格斯指出,"无产阶级的运动是绝大多数人的、为绝大多数人谋利益的独立的运动",而未来社会"生产将以所有人的富裕为目的",

可见共同富裕是马克思主义的基本目标。以马克思主义为指导思想的中国共产党,一经诞生就把"为中国人民谋幸福,为中华民族谋复兴"确立为自己的初心使命,而促进全体人民共同富裕正是为人民谋幸福的重要判断标准和可靠着力点。推翻"三座大山"实现民族独立、人民解放,消灭剥削压迫制度、推进社会主义建设,实行改革开放、建立健全社会主义市场经济体制,历史性解决绝对贫困问题、全面建成小康社会,一百年来中国共产党坚持以人民利益为根本考量,以共同富裕为责任担当。[①]

新民主主义革命时期,党面临的最大任务是实现民族独立和人民解放。这一时期,党清醒地认识到,要将人民放在政党活动的至高位置。毛泽东同志多次对人民群众的重要性进行深入论述,并将与人民保持血肉联系作为指导新民主主义革命的重要经验。以毛泽东同志为主要代表的中国共产党人便提出,"我们的问题基本上是一个为群众的问题和一个如何为群众的问题"。"共产党人的一切言论行动,必须以合乎最广大人民群众的最大利益,为最广大人民群众所拥护为最高标准。"[②]在新民主主义革命时期,党形成了"从群众中来,到群众中去"的群众路线,党紧紧依靠人民群众,赢得新民主主义革命伟大胜利,实现了民族独立和人民解放。

中华人民共和国成立之初,面对当时农村人口占绝大多数的国情,党和国家就将全民共同富裕列为自身奋斗的首要目标,毛泽东同志提出,"实行合作化,在农村中消灭富农经济制度和个体经济制度,使全体农村人民共同富裕起来"。这充分体现出社会主义制度是以人民为本位的,是全体农村人民共同富裕起来的根

---

① 张贤明.共同富裕的人民性[N].光明日报,2021—11—30.

② 李友梅.全体人民共同富裕与人民共同体建设[J].探索与争鸣,2021(11):8—10+177.

本保障。[2]

改革开放和社会主义现代化建设新时期,党面临的主要任务是使人民摆脱贫困、尽快富裕起来。以邓小平同志为主要代表的中国共产党人,紧紧围绕"什么是社会主义、怎样建设社会主义"这一根本问题,开辟了中国特色社会主义建设道路。邓小平创造性地提出"先富带动后富,逐步实现共同富裕"的理论,他在南方谈话中还提出,"社会主义的本质,是解放生产力,发展生产力,消灭剥削,消除两极分化,最终达到共同富裕"。邓小平同志提出"社会主义的特点不是穷,而是富,但这种富是人民共同富裕",把共同富裕写到党奋斗的旗帜上。他总是把人民拥护不拥护、人民赞成不赞成、人民高兴不高兴、人民答应不答应作为制定方针政策和作出决断的出发点和归宿。之后的"三个代表"重要思想和科学发展观,强调中国共产党代表中国最广大人民的根本利益,继续升华了全体人民共同富裕的思想境界。这一时期,我国实现了从生产力相对落后的状况到经济总量跃居世界第二的历史性突破,实现了人民生活从温饱不足到总体小康、奔向全面小康的历史性跨越。①

党的十八大以来,中国特色社会主义进入新时代,党的十八大以来,中国特色社会主义进入新时代,以习近平同志为核心的党中央高度重视人民的共同富裕,深刻回答了"什么是共同富裕""为什么要实现共同富裕""如何实现共同富裕"等重大理论和实践问题,为新发展阶段扎实推动共同富裕提供了根本遵循和行动指南。以习近平同志为核心的党中央把"坚持以人民为中心的发展思想"写入党章。党的十九大报告强调,"必须始终把人民利益

---

① 袁红英.党百年奋斗历史经验系列谈之二:坚持人民至上[N].光明日报,2022—3—16.

摆在至高无上的地位,让改革发展成果更多更公平地惠及全体人民,朝着实现全体人民共同富裕不断迈进"。在全面建成小康社会基础上,我们党又把实现全体人民共同富裕取得更为明显的实质性进展作为重要目标,要让发展成果更多更公平惠及全体人民。习近平总书记强调:"共同富裕是全体人民的富裕,是人民群众物质生活和精神生活都富裕。""我国现代化是人口规模巨大的现代化,是全体人民共同富裕的现代化"。"共同富裕是社会主义的本质要求,是人民群众的共同期盼。我们推动经济社会发展,归根结底是要实现全体人民共同富裕"。可见,实现全体人民共同富裕就是中国共产党的历史初心,并随着中国特色社会主义事业的发展愈发坚定。

促进共同富裕必须依靠全体人民共同团结奋斗。一百多年来,中国共产党用不同的方式在不同程度上领导着人们走向并走好共同富裕,不断推动全体人民共同富裕的目标,从推动农业合作化到精准脱贫,从提高人民的物质生活到丰富人民的精神世界,从群体性、局部性的发展阶段到全民性、全局性的发展格局,全力打造具有更系统、更全面、更坚实的理论基础和制度支撑。规矩绳墨,人心如秤,民心是最大的政治。实现共同富裕不仅是经济问题,而且是关系民心进而关乎党的执政基础的重大政治问题。实现全体人民共同富裕,必将使我们党拥有不竭的力量源泉。只要始终坚持以人民为中心的发展思想,一张蓝图绘到底,就一定能够在推动全体人民共同富裕上取得实质性进展!

二、中国共产党始终坚持以人民为中心,把握共同富裕的目标价值

习近平总书记指出:"江山就是人民、人民就是江山,打江山、守江山，守的是人民的心。"①党的十九届六中全会审议通过的《中共中央关于党的百年奋斗重大成就和历史经验的决议》，系统总结了党百年奋斗的十条历史经验，其中一条宝贵经验就是"坚持人民至上"。奋进全面建设社会主义现代化国家新征程，只要我们始终把人民放在第一位，依靠人民，获得人民的信赖和拥护，我们就能战胜一切困难，不断取得胜利。

坚持以人民为中心与促进共同富裕相互依托，紧密相连。"实现共同富裕不仅仅是经济问题，更是关系民心向背和党执政基础的政治问题，以人民为中心推进共同富裕是党的重大政治责任。"②实现全体人民共同富裕，是中国特色社会主义建设的一个重要目标，也是全体人民共同的事业，离开人民群众，不仅中国特色社会主义伟大事业难以顺利推进，实现共同富裕也将是一句空话。

一方面，共同富裕要以人的全面发展为基本方向。实现共同富裕从根本上讲是满足最广大人民对美好生活的向往，但美好生活不只局限于物质层面，实现共同富裕要求在人民物质生活水平不断提高的同时，不断地、逐步地实现人对自身思维方式、价值观念、个体品质、行为方式的超越与发展，实现人民精神的普遍富足、人与自然和谐共生、社会和谐和睦向上，进而促进人的全面发展。把人民满意作为衡量工作得失的根本标准。时代是出卷人，我们是答卷人，人民是阅卷人。我们党的执政水平和执政成效不是自己说了算，必须而且只能由人民来评判，最终要看人民是否真正得到了实惠，人民生活是否真正得到了改善，人民权益是否真正得到了保障。人民对美好生活的向往，就是中国共产党人的奋斗目标。

---

① 习近平．在庆祝中国共产党成立100周年大会上的讲话[N]．人民日报，2021—07—01(2)．

② 刘畅．新时代推动全体人民共同富裕的实践逻辑[N]．光明日报，2021—08—06．

"治国之道,富民为始。"中国共产党人秉持的本心,就是实现全体人民共同富裕,使人民过上美好生活。党的十九大报告把人民日益增长的美好生活需要同不平衡不充分的发展之间的矛盾,确定为社会主要矛盾。在《习近平谈治国理政》第三卷,习近平总书记强调,以前我们要解决"有没有"的问题,现在则要解决"好不好"的问题。这里的"好不好",包含是否实现共同富裕。显然,以习近平同志为核心的党中央治国理政所解决的根本问题之一,就是实现共同富裕,使人民过上美好生活,并将其看作"国之大者"。习近平总书记强调:"带领人民创造幸福生活,是我们党始终不渝的奋斗目标。我们要顺应人民群众对美好生活的向往,坚持以人民为中心的发展思想","使改革发展成果更多更公平惠及全体人民,朝着实现全体人民共同富裕的目标稳步迈进"。①

另一方面,实现共同富裕要全面、及时回应和满足人民意愿和诉求。一是在制定和完善共同富裕的相关政策、具体措施过程中,将满足人民日益增长的美好生活需要制度化地反映到决策过程中,充分尊重人民所表达的意愿、所创造的经验、所拥有的权利、所发挥的作用,把政治智慧的增长、执政本领的增强、领导艺术的提高深深扎根于人民群众的实践沃土中,不断从人民群众中汲取营养和力量。二是坚定发展全过程人民民主,提高凝聚全社会意愿和要求的最大公约数的能力,"推进全过程人民民主建设,就是要体现人民意志、保障人民权益、激发人民创造活力。用制度体系保障人民当家作主,使推动全体人民共同富裕的价值原则贯通国家治理各环节,能够保证人民广泛参与到涉及共同富裕的公共决策事前、事中和事后所有阶段和全部环节,使实现共同富

① 邓海英.学习领会中国共产党百年奋斗的历史经验②:坚持人民至上[N].解放军报,2022—01—10.

裕的各项思路举措更加符合民主的原则、更能体现人民的利益与诉求。"①三是通过制度建设、政策保障、组织领导,解决发展不平衡不充分问题和人民群众急难愁盼问题,动态回应人民多样性与变化性的合理需求,使改革发展成果更多更公平惠及全体人民。中国共产党的百年奋斗从根本上改变了中国人民的前途命运,推动昔日国弱民穷的中国发生了翻天覆地的历史巨变,书写了中华民族几千年历史上最恢宏的史诗。从一百年前受欺负、受压迫、受奴役到成为国家、社会和自己命运的主人,中国人民物质上富起来、精神上强起来,志气骨气底气不断增强。今日之中国,现行标准下农村贫困人口全部脱贫,人均国内生产总值超过1万美元,10.2亿人拥有基本养老保险,13.6亿人拥有基本医疗保险,人民生活的家园天更蓝、山更绿、水更清,人民群众过上了几千年来梦寐以求的好日子。

中国共产党始终不渝的价值追求就是坚持以人民为中心,促进共同富裕。在波澜壮阔的百年征程中,我们党的一切奋斗都围绕人民的福祉展开,坚定不移走全体人民共同富裕道路。实现共同富裕是社会主义的内在要求,是社会主义与资本主义的本质区别。坚持以人民为中心就是要实现最大多数人的最大幸福,画出中华民族最大"同心圆",大力促进社会经济高质量发展,让社会主义制度的优越性更加充分体现出来,促进社会整体性进步和推动人的全面发展。

三、以坚持以人民为中心为理论基础,促进改革发展成果共享

党的根基在人民、血脉在人民、力量在人民,人民是党执政兴

---

① 张贤明.共同富裕的人民性[N].光明日报,2021—11—30.

国的最大底气。实现共同富裕,必须始终坚持以人民为中心的发展思想,把实现好、维护好、发展好最广大人民根本利益作为一切工作的出发点和落脚点,更加自觉地使改革发展成果更多更公平惠及全体人民。

共同富裕为人的全面发展奠定现实性前提。促进共同富裕与促进人的全面发展是高度统一的,共同富裕的实现过程实质上也是人的全面发展过程。如果说"任何人类历史的第一个前提无疑是有生命的个人的存在",那么人理应是一切人类历史活动最终的意义载体。共同富裕的人民性表现在它对人的价值的尊重,即它对于人的全面发展的促进。正因为"我们说的共同富裕是全体人民共同富裕,是人民群众物质生活和精神生活都富裕",所以"要强化社会主义核心价值观引领,加强爱国主义、集体主义、社会主义教育,发展公共文化事业,完善公共文化服务体系,不断满足人民群众多样化、多层次、多方面的精神文化需求"。在全面建设社会主义现代化国家新征程中,我们必须把促进全体人民共同富裕摆在更加重要的位置,促进人的全面发展和社会全面进步。共享改革发展成果,就是使全体人民都能从社会经济的发展进步中普遍受益,其人民性内涵与共同富裕的内在价值具有高度契合性。只有让改革发展成果更多更公平惠及全体人民,才能朝着实现全体人民共同富裕目标不断迈进。

共享改革发展成果本身是一种重要的公共利益。人们在普遍而广泛的社会交往与合作过程中共同创造了经济社会发展成果,共享这些发展成果能够为社会成员进一步创造物质和精神财富提供动力和条件。在此意义上,共享改革发展成果实质上是社会公共利益的一种表现形式,其本身是社会成员联结成社会共同体并不断推进社会文明进步的重要原因。把人民应当共享改革发展成果的价值取向和基本内容上升为人民的基本权利并使其得到法治保障,就是维护和发展最广大人民的根本利益。共享改革发展成果能够在保证社会公共利益的同时促进个体利益成长。社会的发展以每个人的全面发展为前提,共享改革发展成果需要让每个个体都能从改革发展中受益。共享改革发展成果,应以促进社会公平正义为依归,但如果仅仅关注社会整体层面上的发展和提升,而忽视社会成员的个体利益、个人全面发展,共享改革发展成果就可能流于形式,无法真正体现社会公平正义。在此意义上,推进全体人民共同富裕既体现为社会公共利益的增长和最广大人民根本利益的实现,也体现为最大可能地让最广泛的社会个体都能够享受改革发展的实际成果。

健全改革发展成果的共享机制。呵护人的生命、价值和尊严,实现人人享有人权,是人类社会的共同追求。习近平总书记强调,人民对美好生活的向往就是我们的奋斗目标。经过长期艰苦奋斗,中国成功走出了一条顺应时代潮流、适合本国国情的人权发展道路。多年来,我国从宪法、法律和制度等多个层面确立了各民族一律平等、共同管理国家事务的原则,从各个方面保障少数民族的权利;持续制定实施妇女、儿童发展纲要,推动妇女儿童事业与经济社会协调发展;对残疾人格外关心、格外关注,帮助他们提高生活水平和生活质量,使他们享有均等机会……发展成果正更多更公平地惠及全体人民。发展为了人民、发展依靠人民、发展成果由人民共享。放眼中华大地,促进各民族共同团结奋斗、共同繁荣发展,共建美好家园、共创美好未来;广大妇女用执着与奋斗实现理想;少年儿童学习生活环境不断优化,在祖国呵护下茁壮成长;更多的残障人士勇敢逐梦,以自强书写精彩人生……全体人民享有广泛充分、真实具体、有效管用的人权,获得感、幸福感、安全感在发展中更加充实、更有保障、更可持续。[1]推动全体人民共同富裕、促进改革发展成果有效共享,应以发展社会主义事业和解决民生问题为主线,建立健全公共服务体系,推进基本公共服务均等化,探索实现改革发展成果共享的途径方法,实现改革发展成果共享体制机制的创新。只有如此,共享改革发展成果才会与广大人民群众最关心、最直接、最现实的利益问题密切关联,保障每个社会成员从改革发展中受益,增强获得感、幸福感和满足感,有效推进共同富裕进程。

第二节　新发展阶段遵循新发展理念

一、以人民为根本把握新发展理念

习近平总书记在十九届中央政治局第三十七次集体学习时的讲话中提到:"我们完整、准确、全面贯彻新发展理念,坚持以人民为中心的发展思想,坚持发展为了人民、发展依靠人民、发展成果由人民共享,着力解决人民最关心最直接最现实的利益问题,着力解决发展不平衡不充分问题,努力实现更高质量、更有效率、更加公平、更可持续、更为安全的发展,在发展中使广大人民的获得感、幸福感、安全感更加充实、更有保障、更可持续。"[2]发展是硬道理,是解决我们国家所有问题的根本和关键。发展理念是发展行动的先导,集中反映了发展思想、发展方向和发展的着力点,发

---

① 让全体人民共享发展成果[N].人民日报,2022—06—19(02).

② 习近平主持中共中央政治局第三十七次集体学习并发表重要讲话[EB/OL].人民网,2022—02—28,http://xj.people.com.cn/n2/2022/0228/c186332—35152811.html.

展的实践活动必须遵循一定的发展观念。

人民是社会主义中国当之无愧的主人。我国是工人阶级领导的、以工农联盟为基础的人民民主专政的社会主义国家,国家一切权力属于人民,人民依法通过各种途径和形式管理国家事务,管理经济文化事业,管理社会事务。我国社会主义民主是维护人民根本利益的最广泛、最真实、最管用的民主,我们国家的名称,我们各级国家机关的名称,都冠以"人民"的称号,这是我们对中国社会主义政权的基本定位。各级国家机关及其工作人员,不论做何种工作,说到底都是为人民服务。这一基本定位,什么时候都不能含糊、不能淡化。发展社会主义民主政治就是要体现人民意志、保障人民权益、激发人民创造活力,用制度体系保证人民当家作主。①人民群众具有治理国家的智慧与力量;人民需要什么,渴望什么,期待什么,这不是拍拍脑袋就能想到的;任何一个政策,都不是单纯靠理论就能得出的。习近平总书记一再强调,在人民面前,我们永远是小学生,必须自觉拜人民为师,向能者求教,向智者问策;领导干部要深入基层一线,从基层实践找到解决问题的金钥匙,把抓基层打基础作为长远之计和固本之策。习近平总书记指出:"我们要坚持一切为了人民、一切依靠人民,保持同人民的血肉联系,紧紧依靠人民开拓事业新局面,促进全体人民共同富裕。"

党的十八大以来,新发展理念引导我国经济发展取得了历史性成就、发生了历史性变革;进入新发展阶段,经济发展也要在新发展理念的引导下取得新成效。我们要在完整、准确、全面把握新发展理念的基础上,切实把新发展理念贯彻于现代化建设的实

---

① 始终以百姓心为心——学习习近平总书记关于人民的重要思想[EB/OL].光明网,2021—07—04,https://politics.gmw.cn/2021—07/04/content_34969560.htm

践中。新发展理念回答了关于发展的目的、动力、方式、路径等一系列重大理论和实践问题。树立新发展理念,首先要解决为什么人、由谁享有这个根本问题。习近平总书记指出,新发展理念中的共享理念"实质就是坚持以人民为中心的发展思想,体现的是逐步实现共同富裕的要求"。人民是推动发展的根本力量。以人民为中心的发展思想,体现了我们党全心全意为人民服务的根本宗旨。我们党来自人民、服务人民,党的一切工作,必须以最广大人民根本利益为最高标准。人民群众是发展的主体,也是发展的最大受益者。只有坚持以人民为中心的发展思想,坚持发展为了人民、发展依靠人民、发展成果由人民共享,才会有正确的发展观、现代化观。习近平总书记指出,"为人民谋幸福、为民族谋复兴,这既是我们党领导现代化建设的出发点和落脚点,也是新发展理念的'根'和'魂'"。在新阶段的发展实践中,我们必须坚持以人民为中心的发展思想,贯彻新发展理念,推动地区差距、城乡差距、收入差距等问题的解决,以为民惠民的"升级版"不断实现人民对美好生活的向往。①因此,以人民为根本,立足人民立场,是把握好新发展理念的基础和前提。

坚持新发展理念作为"十四五"时期经济社会发展必须遵循的重要原则,必须贯穿新时代新阶段发展的全过程和各领域。推动共同富裕,也要遵循这一原则,朝向更高质量、更有效率、更加公平、更可持续、更为安全的方向发展。习近平总书记在2022年世界经济论坛视频会议的演讲中强调:"'国之称富者,在乎丰民。'中国经济得到长足发展,人民生活水平大幅提高,但我们深知,满足人民对美好生活的向往还要进行长期艰苦的努力。中国明确提出要推动人的全面发展、全体人民共同富裕取得更为明显

①以新发展理念引领新阶段高质量发展[N].经济日报,2021—02—03.

的实质性进展,将为此在各方面进行努力。中国要实现共同富裕,但不是搞平均主义,而是要先把'蛋糕'做大,然后通过合理的制度安排把'蛋糕'分好,水涨船高、各得其所,让发展成果更多更公平惠及全体人民。"推动共同富裕,首要的是把蛋糕"做大做好",而把蛋糕"做大做好"的关键在于以人民为本把握新发展理念。实现共同富裕必须依靠中国共产党领导广大人民群众树立共同体意识、团结一致共同奋斗,这是"共建共富"的实践要求。要扎实推动共同富裕,发展是前提、分配是关键。在新发展阶段不仅要"做大蛋糕",而且要"分好蛋糕"。"做大蛋糕"必须依靠人民,"分好蛋糕"也要依靠人民。[①]要自觉主动解决地区差距、城乡差距、收入差距等问题,让社会主义制度的优越性得到更充分体现,让人民群众有更多获得感,绝不能出现"富者累巨万,而贫者食糟糠"的现象。走好共同富裕之路,坚持贯彻新发展理念,既要立足当下,一步一个脚印解决具体问题,积小胜为大胜;又要放眼长远,克服急功近利、急于求成的思想,把握好节奏和力度,实事求是、循序渐进、持续发力。

党的十八大以来,以习近平同志为核心的党中央把脱贫攻坚作为重中之重,使现行标准下农村贫困人口全部脱贫,就是促进全体人民共同富裕的一项重大举措。经过8年持续奋斗,832个贫困县全部摘帽,全国近1亿贫困人口实现脱贫,困扰中华民族几千年的绝对贫困问题得到历史性解决,创造了人类减贫史上的奇迹,在实现共同富裕的道路上迈出了坚实的一大步。在新发展理念的指导下,通过开展扶贫合作,政府、市场、社会联动,有效实施了专项扶贫、行业扶贫与社会扶贫,形成了大扶贫格局,确保贫困地区和贫困群众同全国一道进入全面小康社会。习近平总书记

---

① 姜辉.实现共同富裕的方向原则和现实途径[J].理论导报,2021(12):11—14.

指出:"脱贫摘帽不是终点,而是新生活、新奋斗的起点。"展望未来,习近平总书记强调:"新的征程上,我们必须紧紧依靠人民创造历史,坚持全心全意为人民服务的根本宗旨,站稳人民立场,贯彻党的群众路线,尊重人民首创精神,践行以人民为中心的发展思想,发展全过程人民民主,维护社会公平正义,着力解决发展不平衡不充分问题和人民群众急难愁盼问题,推动人的全面发展、全体人民共同富裕取得更为明显的实质性进展!"人民为新发展理念提供根本动力和价值指向,而这一科学理念又为实现经济社会高质量发展提出了目标要求和行动准则,也为实现第二个百年奋斗目标和中华民族伟大复兴凝聚了深厚的思想伟力。

二、从问题导向上把握新发展理念

扎扎实实贯彻新发展理念。党的十八届五中全会明确了创新、协调、绿色、开放、共享的新发展理念。创新是引领发展的第一动力,协调是持续健康发展的内在要求,绿色是永续发展的必要条件和人民对美好生活追求的重要体现,开放是国家繁荣发展的必由之路,共享是中国特色社会主义的本质要求,坚持创新发展、协调发展、绿色发展、开放发展、共享发展是关系我国发展全局的一场深刻变革,全党全国要统一思想、协调行动、开拓前进。习近平在十九届中央政治局第二十七次集体学习时强调:"新发展理念是一个整体,无论是中央层面还是部门层面,无论是省级层面还是省以下各级层面,在贯彻落实中都要完整把握、准确理解、全面落实,把新发展理念贯彻到经济社会发展全过程和各领域。要抓住主要矛盾和矛盾的主要方面,切实解决影响构建新发展格局、实现高质量发展的突出问题,切实解决影响人民群众生产生活的突出问题。创新发展、协调发展、绿色发展、开放发展、共享发展,在工作中都要予以关注,使之协同发力、形成合力,不能畸轻畸重,不能以偏概全。"①这就要求我们从问题导向出发,把握新发展理念。

当前,我国继续发展具有多方面优势和条件,但发展不平衡不充分问题仍然突出。如,创新能力不适应高质量发展要求、农业基础还不稳固、城乡区域发展和收入分配差距较大、生态环保任重道远等。总的来看,发展中的矛盾和问题集中体现在发展质量上。党的十九届五中全会审议通过的《中共中央关于制定国民经济和社会发展第十四个五年规划和二〇三五年远景目标的建议》(以下简称《建议》)提出,"十四五"时期经济社会发展要以推动高质量发展为主题。因此,新时代新阶段的发展必须贯彻新发展理念,必须是高质量发展。站在新的历史起点上,我们在发展实践中必须把发展质量问题摆在更为突出的位置,根据新发展阶段的新要求,坚持问题导向,更加精准地贯彻新发展理念,以更加精准务实的举措,切实解决好发展不平衡不充分的问题,实现高质量发展。我国发展已经站在新的历史起点上,要根据新发展阶段的新要求,坚持问题导向,更加精准地贯彻新发展理念,切实解决好发展不平衡不充分的问题,推动高质量发展。

新发展理念科学阐明了我们党关于发展的政治立场、价值导向、发展模式、发展道路等重大政治问题,是新发展阶段实现高质量发展的行动指南。理解把握新发展理念必须坚持问题导向,用更加务实的举措把新发展理念更加精准地贯彻到发展的全过程和各领域,不断破解发展难题,不断增强发展动力,不断厚植发展优势,加快构建新发展格局,切实解决好发展不平衡不充分的问

---

① 完整准确全面贯彻新发展理念 确保"十四五"时期我国发展开好局起好步[N].人民日报,2021—01—30.

题,确保全面建设社会主义现代化国家开好局、起好步。

从问题导向把握新发展理念是党的十八大以来伟大实践的深刻启示。问题是时代的声音,问题是实践的起点。纵观人类发展历史,一切发展进步都是在破解时代问题中实现的。中国共产党人干革命、搞建设、抓改革,从来都是为了解决中国的现实问题。党的十八大以来,以习近平同志为核心的党中央坚持问题导向,对经济形势进行科学判断,对经济社会发展提出了许多重大理论和理念,对发展理念和思路作出及时调整,用新发展理念指引经济社会发展,扭住深层次矛盾和重点难点问题持续发力、精准发力,解决了许多长期想解决而没有解决的难题,办成了许多过去想办而没有办成的大事,千百年来中华民族孜孜以求的小康梦想即将实现。

从问题导向把握新发展理念是实现党的历史宏愿的必然要求。站在新的历史起点上,我国已经拥有开启新征程、实现新的更高目标的雄厚物质基础,继续发展具有多方面优势和条件;同时,我国发展不平衡不充分问题仍然突出,发展中的矛盾和问题集中体现在发展质量上。在新发展阶段,要实现建设社会主义现代化国家的历史宏愿,就必须把发展质量问题摆在更为突出的位置,从问题导向把握新发展理念,敢于较真碰硬,勇于破解难题,切实转变发展方式,着力提升发展质量和效益,真正实现高水平的自立自强。

从问题导向把握新发展理念,必须奔着问题去,对着问题症结发力,更加精准地贯彻新发展理念,更加有效地破解发展难题。聚焦我国关键核心技术受制于人这个突出短板,把发展基点放在创新上,强化事关发展全局的基础研究和共性关键技术研究,全面提高自主创新能力,着力增强我国经济整体素质和国际竞争力。聚焦我国发展中不平衡、不协调、不可持续的突出问题,着力推动区域协调发展、城乡协调发展、物质文明和精神文明协调发展,推动经济建设和国防建设融合发展,不断增强我国发展的整体性。聚焦人民群众反映强烈的生态环境问题,坚定推进绿色发展,推动自然资本大量增值,让人民群众切实感受到经济发展带来的实实在在的环境效益,走向生态文明新时代。聚焦高水平开放中面临的矛盾、风险、博弈乃至别人精心设置的陷阱,提高把握国内国际两个大局的自觉性和能力,提高对外开放质量和水平,努力把经济实力转化为国际制度性权力。聚焦实现共同富裕这个关系党的执政基础的重大政治问题,统筹考虑需要和可能,自觉主动解决地区差距、城乡差距、收入差距等问题,不断增强人民群众获得感、幸福感、安全感。[①]

从问题导向方面把握新发展理念,坚持精准务实的发展方向和发展目标。新发展理念是管全局、管根本、管长远的,具有战略性、纲领性、引领性,在不同发展阶段会有不同的发展方向和目标。"十四五"时期我国将进入新发展阶段,尽管我国的经济社会发展具备多方面优势,但发展不平衡不充分的问题依然突出,而发展中的矛盾和问题集中体现在发展质量上。所以,党的十九届五中全会明确提出,推动高质量发展将是"十四五"时期经济社会发展的主题。为此,必须从问题导向把握新发展理念,敢于较真碰硬,勇于破解难题,切实转变发展方式,着力提升发展质量和效益,真正实现高水平的自立自强。从问题导向把握新发展理念,就是要站在新的历史起点上,根据新发展阶段的要求,找准问题,精准发力;瞄准创新发展中的"卡脖子"短板,突破关键核心技术

---

① 熊若愚.为什么要从问题导向把握新发展理念[N].学习时报,2021—02—01(001).

难题,提高自主创新能力;着力推动区域协调发展、城乡协调发展、"两个文明"协调发展,加快解决发展中不平衡、不协调、不可持续的突出问题;坚定推进绿色发展,推动自然资本大量增值,让人民群众切实感受到经济发展带来的实实在在的环境效益;聚焦高水平开放面临的矛盾、风险、博弈,增强把握国内国际两个大局的自觉性和能力,提高对外开放质量和水平;努力解决共同富裕这个关系党的执政基础的重大政治问题。用更加务实的举措把新发展理念更加精准地贯彻到发展的全过程和各领域,确保全面建设社会主义现代化国家开好局、起好步。①

三、推动共同富裕必须持之以恒,扎实推进

实现中华民族永续发展,始终是我们孜孜不倦追求的目标。理念是行动的先导,新发展理念不断引领共同富裕的推进。实践告诉我们,发展是一个不断变化的进程,发展环境不会一成不变,发展条件不会一成不变,发展理念自然也不会一成不变。因此,推进共同富裕也是一个动态发展的过程,一定要持之以恒、循序渐进。马克思主义揭示了人类社会走向共产主义的趋势,同时也认识到了这一过程的长期性和渐进性,需要实现物质财富的极大丰富、社会生产力的高度发展和人的素质的全面提升,为共同富裕提供基础。党的十九大作出我国社会主要矛盾已经发生转化的重大政治论断,并对共同富裕提出了新的奋斗目标:到2035年,基本实现社会主义现代化,全体人民共同富裕迈出坚实步伐;到本世纪中叶,把我国建成富强民主文明和谐美丽的社会主义现代化强国,全体人民共同富裕基本实现。进入全面建设社会主义现代化国家新征程,党的十九届五中全会明确了到2035年基本实现

---

① 李春华.完整准确全面贯彻新发展理念[J].人民论坛,2021(07):28—32.

社会主义现代化的远景目标,提出"人的全面发展、全体人民共同富裕取得更为明显的实质性进展"。

任何事物的发展都有一个从量变到质变的过程,量变中蕴含和孕育着质变,质变是量变的必然结果,同时又开启新的量变。"回首过往,从温饱不足到总体小康、再到全面建成小康社会,靠的就是把握发展规律、科学制定正确策略。着眼实现共同富裕的宏伟目标,我们要秉持实事求是的精神,分阶段扎实推进,确保阶段性目标的可及性。"[1]共同富裕既是一个宏伟的长期目标,更是一个持续奋斗的累积过程,不能一蹴而就。我国现在依然处于社会主义初级阶段,生产力发展水平还不高,发展不平衡、不协调、不可持续问题还比较突出。"在新发展阶段,更好地实现共同富裕,必须坚持从国情出发,从中国实践中来、到中国实践中去,使理论和政策创新符合中国实际、具有中国特色,不断发展中国特色社会主义政治经济学、社会学。坚持深入调研,察实情、出实招,充分反映实际情况,使理论和政策创新有根有据、合情合理。善于把握规律,坚持马克思主义立场、观点、方法,透过现象看本质,从短期波动中探究长期趋势,使理论和政策创新充分体现先进性和科学性不能超越实际发展阶段。"[2]不要好高骛远,作兑现不了的承诺,让社会保障真正服务于人民,让居民收入有所增加,切实感受到满足、幸福。

实现共同富裕的道路不可能是一帆风顺,要尽力而为、量力

---

① 实现共同富裕要循序渐进[N].人民日报,2022—02—22(04).

② 杨宜勇.共同富裕是实现社会主义现代化的关键目标[EB/OL].国宏高端智库,2021—04—16,https://mp.weixin.qq.com/s?src=11&timestamp=1661169245&ver=3998&signature=2eMaovcStcHJnDS0TTy5DEMuLWDf3r*PY2IjIQnaWi6tQOGs4aOSLExS9mX14flRFMMFK4Nec47xIT5lZ8x8ly6dzBB4f5IvoawMI—GqjlJDbART - kZqYNAsJQppXTRZ7&new=1

而行。我国进入新发展阶段,国内外环境的深刻变化带来一系列新机遇和新挑战,危机并存、危中有机、危可转机。对此,习近平总书记强调,要统筹中华民族伟大复兴战略全局和世界百年未有之大变局,深刻认识我国社会主要矛盾发展变化带来的新特征新要求,深刻认识错综复杂的国际环境带来的新矛盾新挑战,增强机遇意识和风险意识,准确识变、科学应变、主动求变,勇于开顶风船,善于转危为机,努力实现更高质量、更有效率、更加公平、更可持续、更为安全的发展。同时,应认识到,共同富裕不是所有人都同时富裕,也不是所有地区同时达到一个富裕水准。我国发展不平衡不充分的问题仍然突出,城乡区域发展和收入分配差距较大,促进共同富裕既不能急于求成,也不能畏难不前,而要对实现共同富裕的长期性、艰巨性、复杂性有充分估计,扎扎实实向前推进。不同人群实现富裕的程度会有高有低,时间上也会有先有后;不同地区富裕程度会存在一定差异,不可能齐头并进。办好这件事,需要持续推动,不断取得成效,也要鼓励各地因地制宜探索有效路径,总结经验,逐步推开。[①]把保障和改善民生建立在经济发展和财力可持续的基础上,重点加强基础性、普惠性、兜底性民生保障建设。各地区推动共同富裕的基础和条件不尽相同,必须结合自身实际、发展条件因地制宜探索有效路径,不盲目攀比和冒进,不要一口吃个胖子,不要做超越发展阶段的事。把能做的事情尽量做起来,积小胜为大胜,方能不断朝着全体人民共同富裕的目标前进。

新发展理念中共享理念深刻回答了"如何推进"的问题。习近平总书记指出,"共享是渐进共享""共享发展必将有一个从低级到高级、从不均衡到均衡的过程,即使达到很高的水平也会有

---

① 万海远.扎实推进共同富裕(专题深思)[N].人民日报,2022—04—08(09).

差别"。在开启全面建设社会主义现代化国家新征程中,我们必须肩负起促进全体人民共同富裕这个历史使命,千方百计促进人的全面发展和社会全面进步,努力让广大人民群众获得感、幸福感、安全感更加充实、更有保障、更可持续。共同富裕没有捷径,必须在高质量发展中去推进,靠全体人民共同奋斗来实现。要通过循序渐进的政策和制度安排,最终实现全体人民共同富裕的目标。有苦干实干的冲劲,有稳中求进的务实,有水滴石穿的韧性,一件事情接着一件事情办,一年接着一年干,共同富裕的目标就会离我们越来越近。推动共同富裕必须持之以恒,按照经济社会发展规律稳步向前,脚踏实地、久久为功。

第三节　在高质量发展中扎实推进共同富裕

一、共同富裕是高质量发展的必然要求和根本目的

习近平总书记在主持召开中央财经委员会第十次会议时强调,"共同富裕是社会主义的本质要求,是中国式现代化的重要特征,要坚持以人民为中心的发展思想,在高质量发展中促进共同富裕。"也就是说既要高质量发展,又要逐步实现共同富裕,其蕴含两层意思,"一是高质量发展以实现共同富裕为导向,这就从本质规定了高质量发展的方向,二是实现共同富裕离不开高质量发展,这也为实现共同富裕提供了路径遵循。"①一方面,高质量发展以实现全体人民的共同富裕为最终目标,始终以推进共同富裕为发展方向。另一方面,高质量发展是实现共同富裕的重要途径,

---

① 韩喜平,刘岩.实现以共同富裕为导向的高质量发展[J].山东社会科学,2022(03):5—10.

是解决逐步实现共同富裕一切问题的基础和关键,实现共同富裕
必须依靠高质量发展。从这样的意义上说,高质量发展与共同富
裕二者具有统一性,统一于新发展理念的指导和贯彻,统一于全
面建设社会主义现代化国家、实现中华民族伟大复兴的实践中。

共同富裕是高质量发展的必然要求。共同富裕是中国式现
代化的重要特征,中国推动高质量发展,必然要符合社会主义的
基本要求,必须顺应现代化建设的趋势,将共同富裕作为重要的
目标。在这样的大环境下,我们必须坚持以经济建设为中心,以
科学发展为主题,以造福人民为基本宗旨,以社会生产力的解放
和发展,以经济、政治、文化、社会、生态文明建设为目标,为实现
全体人民共同富裕而不懈努力。[①]共同富裕首先要充分满足人民
的物质需要,高质量发展要抓住人民最关心最直接最现实的利益
问题,"让一切劳动、知识、技术、管理、资本的活力竞相迸发,让一
切创造社会财富的源泉充分涌流"[②],从而为实现共同富裕奠定物
质基础。

共同富裕彰显高质量发展的平衡性。共同富裕不仅包括"富
裕"的美好愿景,而且突出"共同"的重要特征。共同富裕旨在提
升人民生活总体水平,促进城乡及区域间均衡协调可持续。经过
百年奋斗,中华民族迎来了从站起来、富起来到强起来的伟大飞
跃,我国社会主要矛盾已经转化为人民日益增长的美好生活需要
和不平衡不充分的发展之间的矛盾,不平衡问题成为高质量发展
着力解决的重点。《中共中央关于党的百年奋斗重大成就和历史
经验的决议》从平衡性和全面性角度对高质量发展提出相关要

---

① 陈建奇.质量发展促进共同富裕的内在逻辑和实现路径[N].四川日报,
2021—09—06.

② 中共中央文献研究室.十八大以来重要文献选编(上)[M].北京:人民出版社,
2014:788.

求,针对发展的不平衡问题,《决议》在协调区域发展方面指出,"促进京津冀协同发展、长江经济带发展、粤港澳大湾区建设、长三角一体化发展、黄河流域生态保护和高质量发展,高标准高质量建设雄安新区,推动西部大开发形成新格局,推动东北振兴取得新突破,推动中部地区高质量发展,鼓励东部地区加快推进现代化,支持革命老区、民族地区、边疆地区、贫困地区改善生产生活条件";在协调城乡发展方面指出,"实施乡村振兴战略,加快推进农业农村现代化""促进城乡、区域协调发展"。①通过推动高质量发展,城乡之间差距将不断缩小,区域发展协调不断增强,影响共同富裕的不平衡问题将得到有效解决。

共同富裕体现了高质量发展的全面性。共同富裕是指人们的物质生活与精神生活的共同富裕,而不仅仅局限于收入水平,还应该关注整体的发展。共同富裕最终是为了满足人们越来越多的美好生活需求,人们对美好生活的需求越来越大,这不仅仅是物质和精神上的需求,更重要的是民主、法治、公平、正义、安全和环境。针对发展的不全面问题,《决议》在经济体制建设方面指出,"以供给侧结构性改革为主线、建设现代化经济体系";在统筹发展与安全方面指出,"打好防范化解重大风险、精准脱贫、污染防治三大攻坚战""保障粮食安全、能源资源安全、产业链供应链安全""防范化解经济金融领域风险,强化市场监管和反垄断规制,防止资本无序扩张,维护市场秩序";在提高创新能力、推进关键核心技术自主创新方面指出,"实施创新驱动发展战略,把科技自立自强作为国家发展的战略支撑"。[22]总之,要推进高质量发展,必须从收入的角度出发,把人的全面发展放在更重要的位置,

---

① 中共中央关于党的百年奋斗重大成就和历史经验的决议[N].人民日报,2021—11—17(01).

在卫生、教育、文化等方面创造更好的社会环境,让人民在社会活动中获得感和幸福感,从而实现富裕富足,精神自信自强,大力提升发展质量和效益,更好满足人民在经济、政治、文化、社会、生态文明等方面日益增长的需要,推动共同富裕与人的全面发展相互促进。

二、高质量发展是促进共同富裕的前提保障和重要途径

我国经济已由高速增长阶段转向高质量发展阶段。高质量发展原本是指经济高质量发展,是指进入相对于经济高速增长的新发展阶段;是指采用相对于粗放式发展方式的新发展方式。但从本质上是坚持以人民为中心的发展思想、贯彻新发展理念的发展,是创新、协调、绿色、开放、共享的发展。高质量发展不仅强调经济的发展,同时也强调经济与政治、文化、社会、环境的协调发展,特别强调人民对美好生活的追求和质量的提高。2021年3月7日,习近平总书记参加十三届全国人大四次会议青海代表团审议。习近平总书记指出:"要始终把最广大人民根本利益放在心上,坚定不移增进民生福祉,把高质量发展同满足人民美好生活需要紧密结合起来,推动坚持生态优先、推动高质量发展、创造高品质生活有机结合、相得益彰。"高质量发展、高品质生活,一个事关国计,一个连着民生,共同指向人民日益增长的美好生活需要。

发展是基础,唯有发展才能满足人民对美好生活的热切向往。没有发展,没有扎扎实实的发展成果,共同富裕就无从谈起。扎实推进共同富裕,必须把高质量发展落到实处,充分依靠高质量发展。改革开放后,中国共产党深刻总结正反两方面历史经验,认识到推动解放和发展社会生产力的重要性。经过四十多年改革开放,我国经济总量跃居全球第二,进出口总额位居全球首

位,商品短缺的时代已经过去,物质条件得到较大改善,改革开放之初人民日益增长的物质文化生活需要同落后的社会生产之间的矛盾已经解决。进入新时代,党中央审时度势,提出把握新发展阶段,贯彻新发展理念,构建新发展格局,促进经济由高速增长转为高质量发展,为新时代经济社会保持稳定发展提供了重要的战略保障,为促进共同富裕创造了良好条件。

发展是我们党执政兴国的第一要务。实现全体人民共同富裕的宏伟目标,最终靠的是发展。随着社会主要矛盾的变化,人民群众不再是单纯追求物质生活,更注重精神生活的富足。如今,精神文化生活的丰富程度已然成为衡量人民幸福指数的重要标尺和满足人民对美好生活向往的关键因素。习近平总书记指出,"高质量发展,就是能够很好满足人民日益增长的美好生活需要的发展"。推进共同富裕,就要求使全体社会成员在物质生活不断富足、物质生活水平不断提高的基础上,实现人的现代化和人的全面发展,人民群众精神生活不断丰富和健全,综合素质和文明程度不断提高,促进人民精神生活共同富裕,促进人民充分享有生存权、发展权、参与权、监督权等各项权利,推动我国经济社会发展迈上更高质量、更有效率、更加公平、更可持续、更为安全的发展之路。共同富裕要在高质量发展中实现。

高质量发展决定了共同富裕的成色。在新的历史阶段,我们追求的是高质量发展,追求的幸福是全体人民的幸福,实现共同富裕一直以来都是我们的共同期望,而高质量发展就是实现共同富裕的最有力方式,在实现共同富裕过程中,一些需要逐步解决的问题和困难,都离不开高质量发展,它是处理和解决这些问题的基础和保障。依靠高质量发展,不但要持续做大"蛋糕",而且要做优做好"蛋糕"。高质量发展,坚持创新在现代化建设全局中的核心地位,深入实施创新驱动发展战略、科教兴国战略、人才强国战略,以改革推动发展,以开放促进发展,以创新引领发展,体现创新、协调、绿色、开放、共享的新发展理念,使促进共同富裕与经济发展阶段相适应、与现代化建设进程相协调,不断形成推动共同富裕的阶段性标志性成果,在高质量发展中共享发展成果。

要在高质量发展中实现全体人民共同富裕,必须用好创新发展这个第一动力。共同富裕是收入分配问题,但根本是发展生产力的问题。不断解放和发展生产力,切实保持中高速增长,继续做大经济规模和扩大中等收入人群,是全体人民共同富裕的根本基础。必须依靠协调发展这个内生特点。只有协调和平衡好区域、城乡、经济和社会、物质文明和精神文明等发展不平衡的问题,才能做到全体人民共同富裕。必须借助绿色发展这个普遍形态。绿色发展既是满足人民对优美生态环境需求的手段,也是实现一些欠发达地区居民增收的有效途径。欠推动绿色发展,健全生态补偿机制、发展碳汇交易市场,促使生态受益区和高碳排放的发达地区向欠发达地区进行财政补偿和购买碳排放权付费,从而促进欠发达地区居民增收和实现共同富裕。必须依托开放发展这条必由之路。开放发展旨在解决内外联动和双向开放的问题。欠发达地区发展落后以及居民增收缓慢,除了自然条件原因,大多是因为对外开放程度低,不能充分分享开放红利。因此,要实现全体人民共同富裕"一个都不落下",必须加大中西部地区和"老少边穷"地区的对外对内双向开放,让更多产业、资本、技术、知识、数据等生产要素流向这些地区,不断增强它们的发展能力和发展后劲。必须用好共享发展这个关键一招。共享发展既是高质量发展的根本目的,也是实现全体人民共同富裕的关键一招。一方面,要明确低收入群体是促进共同富裕的重点帮扶保障人群。要加大普惠性人力资本投入,有效减轻困难家庭教育负担,提高低收入群众子女受教育水平。要完善养老和医疗保障体系,逐步缩小职工与居民、城市与农村的社会保障待遇差距,逐步提高城乡居民基本养老金水平。要完善兜底救助体系,加快缩小社会救助的城乡标准差异,逐步提高城乡最低生活保障水平,兜住基本生活底线。另一方面,要合理调节过高收入,完善个人所得税制度,规范资本性所得管理,在依法保护合法收入的同时,要防止两极分化、消除分配不公。[①]

总之,共同富裕是社会主义的本质要求,是中国式现代化的重要特征,要坚持以人民为中心的发展思想,在高质量发展中促进共同富裕。

三、在高质量发展过程中,扎实推进共同富裕

全面建成小康社会为促进共同富裕创造了良好条件,现在我国已经到了扎实推动共同富裕的历史阶段。扎实推动共同富裕的现实意义:一方面,从国际上看,全球收入不平等问题突出,引致了一系列社会问题,教训深刻;另一方面,从国内看,我国发展不平衡不充分的问题仍然突出。对此,我们必须要坚决促进全体人民共同富裕。共同富裕不仅是社会主义的本质要求,也是中国式现代化的重要特征,不是少数人的富裕,也不是整齐化一的平均主义。

扎实推进共同富裕,实质是富裕。扎实推进共同富裕是稳定增加全社会的物质财富总量,把财富的"蛋糕"做大。这是在解放和发展生产力的基础上,优化产业结构,不断增加社会总产品,不

---

① 韩保江.高质量发展是实现共同富裕的根本途径[N].光明日报,2021—11—01(16).

断增加优质产品的比例,用发展的方式来实现富裕的目标。只有不断增加社会财富,才能持续、有效、充分地提高人民的物质生活水平,消除贫困,提高人民的生活品质;只有不断增加社会财富,让社会主义制度在财富生产和财富分配中发挥根本性作用,才能从根本上体现社会主义的本质要求和优越性;只有不断增加社会财富,从质和量两个方面不断优化产品供给,才能为人民提供公共产品和公共福祉。

扎实推进共同富裕,根本是共同。扎实推进共同富裕是全体人民共建共享劳动成果,把财富的"蛋糕"分好。在改革开放的实践创新中,我们国家已经实现了经济的快速发展和财富的大量累积,从总体上来说已经取得了决定性成就。但是,我们还需要保持清醒的认识,虽然一部分人已经先富起来,还有一部分人没有实现富裕,有的实现了小康生活,有一部分人刚刚脱贫。不仅存在着人与人之间的财富占有的差距,城乡之间、区域之间的发展水平和生活水平也有着明显的差别,这需要在社会分配中不断完善体制机制建设,切实加大治理力度,回应人民实现共同富裕的热切期盼。扎实推进共同富裕的路上一个都不能少,社会物质文明成果要由全体人民共享,要把全体人民的利益关切作为根本标准,让人民在满足物质需要的过程中有更加公平的获得感和更加切实的公平感。

扎实推进共同富裕,关键是推进。达到共同富裕不是一蹴而就的,而是在经济社会发展和社会治理的长期实践中逐渐实现的。扎实推进共同富裕,是分阶段、有步骤地接近这个目标的过程,是全体人民在占有社会财富方面不断取得实质性收益。推进共同富裕,是全体推进、全域推进和全程推进的过程。全体推进,是着力于推进所有的人都能够实现富裕;全域推进,是着力于不同区域、不同行业、不同部门的劳动者都能够实现富裕;全程推进,是把推进共同富裕贯彻在全面建设社会主义现代化国家的整个过程之中。这个过程容不得懈怠和停滞,只能不懈奋斗、扎实努力。

扎实推进共同富裕,重点是扎实。能不能达到共同富裕,要看我们的各项工作做得实不实,要看我们是不是时刻牢记满足全体人民的美好生活需要。扎实推进共同富裕,是遵循人类社会发展客观规律、社会主义建设规律、共产党执政规律,把握全面建设社会主义现代化国家的必然趋势和客观要求,用实事求是的态度,脚踏实地,行稳致远。扎实推进共同富裕,要抓住全面建设社会主义现代化国家中的各项矛盾关系,突出重点、解决问题。扎实推进共同富裕,要充分利用好"十四五"规划和2035年远景目标,一件事情接着一件事情办,事事相衔,常抓不懈。扎实推进共同富裕,需要用高质量的发展来获得实质性成效,不断提高治理效能,增加公共产品供给的全覆盖。①

把握"四大"原则是扎实推进共同富裕的基本要义。第一是鼓励勤劳创新致富的原则。这部分的关键词是普惠、就业。提高就业创业能力,增强致富本领,给更多人创造致富机会,形成人人参与的发展环境,避免内卷躺平。第二是坚持基本经济制度的原则。这部分的关键点是两个毫不动摇。要大力发挥公有制经济在促进共同富裕中的重要作用,同时要促进非公有制经济健康发展,非公有制经济人士健康成长。第三是尽力而为、量力而行的原则。这部分的关键是尽力与量力的辩证统一。尽力而行主要是指建立科学的公共政策体系,以更大的力度、更实的举措,让更多的群众共享发展成果。量力而为主要是指要把保障和改善民

---

① 陶火生.扎实推进共同富裕[N].福建日报,2020—11—27.

生建立在财力可持续的基础之上,统筹需要和可能,坚决防止落入福利主义养懒汉的陷阱。习近平总书记在党的十八届五中全会精神专题研讨班上强调,我国正处于并将长期处于社会主义初级阶段,我们不能做超越阶段的事情。但也不是说在逐步实现共同富裕方面就无所作为,只有量力而为,全力以赴,才能逐步的积小胜为大胜,进而实现共同富裕。第四是循序渐进的原则。这部分的关键词是耐心。共同富裕是一个长远目标,对其长期性、艰巨性、复杂性要有充分估计,办好这件事等不得也急不得,要有耐心,实打实的一件事一件事做好,因地制宜地推进共同富裕。

　　习近平总书记所指出的推动共同富裕的总体思路[①],可以归纳为根本立场,实践要求、政策选择和价值依归等四个方面。根本立场是坚持以人民为中心的发展思想,在高质量发展中促进共同富裕,具体实践要求则是处理好效率与公平的关系,构建初次分配、再分配、三次分配的协调配套的基础性制度安排。政策选择是加大税收、社保、转移支付等调节力度并提高精准度,扩大中等收入群体比重,增加低收入群体收入,合理调节高收入,取缔非法收入,形成中间大、两头小的橄榄型分配结构。价值依归是最终促进社会公平正义,促进人的全面发展,使全体人民朝着共同富裕目标扎实迈进。

　　在提出上述总体思路的基础上,习近平总书记阐明了推动共同富裕的六点具体举措。第一,提高发展的平衡性、协调性、包容性。协调发展是实现共同富裕的必由之路。这一工作的重点是要解决区域间行业间和企业间发展不平衡的问题。一是增强区域发展的平衡性,习近平总书记主要从实施区域发展战略、健全转移支付制度等方面提出具体举措。二是强化行业发展的协调

---

① 习近平.扎实推动共同富裕[M].求是,2022(20).

性。习近平总书记强调了改革垄断行业促进金融房地产与实体经济协同发展。三是支持中小企业。习近平总书记指出要构建大中小企业相互依存、相互促进的企业发展。坚持全国一盘棋，维护统一大市场，促进上下游产供销，大中小企业整体配套协同复工。只有促进大中小企业共同发展，才能真正使我国经济全面科学高质量发展。第二，着力扩大中等收入群体规模。习近平总书记多次强调要扩大中等收入群体规模他在2020发表在求是第21期的文章《国家中长期经济社会发展战略若干重大问题》中提到要把扩大中等收入群体规模作为重要政策指标使更多普通劳动者通过自身努力进入中等收入群体。在这次讲话中习近平总书记指出了扩大中等收入群体需重点关注人群：一是高校毕业生他们是有望进入中等收入群体的重要方面，二是技术工人他们也是中等收入群体的重要组成部分，三是中小企业主和个体工商户他们是创业致富的重要群体，四是进城农民工他们也是中等收入群体的重要来源。具体举措方面，要适当提高公务员特别是基层一线公务员及国有企事业单位基层职工工资待遇；要增加城乡居民住房农村土地金融资产等各类财产性收入。第三，促进基本公共服务均等化。低收入群体是促进共同富裕的重点帮扶保障人群。习近平总书记主要从促进教育公平、完善社会保障体系、完善兜底救助体系、完善住房保障体系来阐明。第四，加强对高收入的规范和调节。共同富裕是全体人民的富裕，而不是少数人的富裕。要在依法保护合法收入的同时，要防止两极分化，消除分配不公。主要从用好税收工具、加强公益慈善、规范不合理收入、取缔非法收入等方面谈了具体举措。第五，促进人民精神生活共同富裕。物质层面的共同富裕是一个国家经济实力和科技实力的有力体现，精神层面的共同富裕则是一个国家文化实力的有力体现。2021年12月,习近平总书记在中国文学艺术界联合会第11次全国代表大会上指出,要创造更多满足人民文化需求和增强人民精神力量的优秀作品,使人们在精神生活上充盈起来。在本次讲话中,习近平总书记主要从强化社会主义核心价值观,引领发展公共文化事业,完善公共文化服务体系,加强促进共同富裕舆论引导等方面谈了具体的举措。第六,促进农民农村共同富裕。习近平总书记提出,农村共同富裕工作要抓紧,但不宜向脱贫攻坚那样提出统一的量化指标。讲话主要从巩固拓展脱贫攻坚成果和全面推进乡村振兴两大方面说明了促进农民农村共同富裕的要点。其中,关于巩固拓展脱贫攻坚成果,提出了加强监测、及早干预等具体措施;关于推进乡村振兴,则是从农业产业化、农村资产盘活和农村环境建设等方面展开。

　　坚持把高质量发展作为主题,是扎实推进共同富裕的实践要求。高质量发展是"十四五"时期我国发展的主题,是引领具体发展方式、解决具体发展问题的根本要求。坚持把高质量发展作为主题,就是强调发展的质量、内涵更加科学合理,发展的目标、指向更加清晰明确。坚持把高质量发展作为主题,特别需要大力推进智能化产业,大力提供科技含量高的产品;用绿色发展理念引领生产方式,大力提供更多的生态产品;推进供给侧结构性改革,大力提供优质产品,不断开展公益事业建设,大力提供公共产品,用这些高科技产品、绿色产品、优质产品、公共产品提高人民的生活品质。全体人民共同富裕是一个总体概念,是对全社会而言的。不同人群、不同地区实现共同富裕的时间会有先有后,程度上会有高有低,是一个在动态中不断向前发展的过程。因此,要在高质量发展中谋求共同发展,坚定实现共同富裕的决心和信心。

第四节　破除困境，探索实现共同富裕新路径

一、改革完善收入分配体系，发挥三次分配体系协调联动作用

在高质量发展中推进共同富裕，不仅要将"蛋糕"做大，也要将"蛋糕"分好，习近平总书记指出："要发挥分配的功能和作用。要处理好效率和公平关系，构建初次分配、再分配、三次分配协调配套的基础性制度安排。"其中，初次分配是根本，再分配是关键，三次分配是补充。以收入分配为关键抓手，在维护公平正义中推进共同富裕。要紧紧围绕更好保障和改善民生、促进社会公平正义，改革收入分配制度，建立科学的公共政策体系，形成人人享有的合理分配格局。

初次分配要重视营造良好的竞争生态，不断优化发展环境、发展机会和发展空间，为微观主体创造良好的市场竞争格局和竞争模式，重点优化政府、企业和个人的分配关系。要健全工资合理增长机制，合理调整最低工资标准，提高劳动报酬及其在初次分配中的比重，这对于落实按劳分配原则和实现共同富裕具有特别重要的意义。注重提高劳动收入在国民经济中的比重，严格实施最低工资制度，建立合理的工资增长机制，让职工工资随着物价、GDP 的增长而增长，并使企业高管薪酬增长与职工工资增长等指标挂钩，以确保职工工资收入随着劳动生产率、利润的增长而增长。要完善按要素分配政策，探索知识、技术、管理、数据等要素价值的实现形式，拓宽城乡居民财产性收入渠道，完善上市公司分红制度，鼓励企业开展员工持股计划，建立集体经营性建

设用地入市增值收益分配机制。

要发挥再分配的调节作用,再分配是社会稳定及增加社会公平正义的推进剂。加大对税收、社保、转移支付等的调节力度和精准性。加快完善个人所得税制度。大力健全社会保障体系。统筹协调社会保险、社会救助、社会福利等的发展,整合优化社会保障结构。要重点考虑灵活就业人员、新业态就业人员、低收入者等的社会保障问题;建立新型综合社会救助体系,继续发挥社会保障的兜底作用;加快完善养老保障体系建设,实现基础养老金在不同区域和城乡之间的全国统筹,完善覆盖全体城乡居民的基本养老保险制度;不断提高社会保障水平,促进社保基金预算的收支平衡;构建商品房、公租房和农村自建房等多层次的住房保障制度体系;构建城乡一体化公共卫生服务均等化的制度体系,实现城乡医疗卫生体系的均衡配置。

第三次分配是促进共同富裕、缩小贫富差距的重要手段,是以社会力量为主导的重要分配补充机制。经济学家厉以宁在1994年《股份制与现代市场经济》中提出,"在第一次分配和第二次分配之后,社会发展方面依旧会留下一些空白,需要第三次分配来填补。"根据中国慈善联合会《2019年度慈善捐助报告》,2019年中国内地接收款物捐赠共1509.44亿元,占GDP的0.15%;而根据美国施惠基金会《2020美国慈善捐赠报告》,2019年美国慈善捐赠总额约4496.4亿美元,占美国GDP的2.1%。目前我国的慈善捐赠规模不大,总体水平相对较低。

重视发挥第三次分配作用,发展慈善等社会公益事业,通过捐赠等手段促使社会财富再分配。党的十九届四中全会首次把"按劳分配为主体、多种分配方式并存"确定为基本经济制度,并提出要"重视发挥第三次分配作用,发展慈善等社会公益事业"。

十三届全国人大四次会议通过的《国民经济和社会发展第十四个五年规划和2035年远景目标纲要》中也提出要"发挥第三次分配作用,发展慈善事业,改善收入和财富分配格局"。在中央财经委第十次会议中,第三次分配被首次明确为"基础性制度安排",并上升到了国家战略体系层面。要建设和完善第三次分配体系,充分发挥其重大作用,需要在以下两个方面着力:

一是应健全捐赠制度与机制,充分发挥税收对社会捐赠的激励作用。发达国家对税收相关的捐赠激励实行"疏堵"结合:"疏"指免税待遇,以具有较强操作性的免税法律法规为保障;"堵"指采取较高的遗产、赠予和奢侈品消费类税种。近年来,以《慈善法》《公益事业捐赠法》为主的相关法律法规相继出台,为第三次分配提供了制度保障,我国公益慈善事业正朝着"规范化"和"可持续"发展。立法除了规范慈善捐赠的制度性安排,也应该在税收方面予以社会捐赠实质性的优惠,真正把法律法规转化为推动第三次分配发挥作用的动力。

二是应探索适合中国国情的慈善事业发展模式,加强慈善组织队伍建设。慈善事业的发展,一方面要发挥政府的作用,通过财政部门的政策支持,来进行管理和运行;另一方面要借助社会的力量,依靠平等竞争机制,高效管理,并提高整个社会公益事业的效率。在慈善组织队伍建设方面,应着重从建立专业化和职业化的慈善组织团队、加强慈善组织公信力建设、提升信息公开透明水平、建立慈善资金使用跟踪反馈机制、增加善款善物流向的透明度几个方面入手,加强慈善组织内部监管。此外,还应健全新闻媒体、公众等社会力量监督和制约机制,加强社会对慈善组织运作的外部监督。

综上所述,在由初次分配、再分配、三次分配构成的收入分配体系进行改革,需要正确处理三者关系,做到优势互补、协调联动、整体发力,重点放在初次分配和再分配上,同时重视第三次分配的作用其中,共同推进共同富裕取得实质性进展。

二、继续巩固脱贫攻坚的成果,实施乡村振兴战略

改革开放以来,随着我国生产力水平的逐步提升,现已消除绝对贫困,但相对贫困问题仍是阻碍共同富裕的突出制约因素。因此,要继续巩固脱贫攻坚的成果,拓展脱贫攻坚成果与乡村振兴有效衔接、全面推进乡村振兴。

巩固脱贫攻坚成果,持续增加低收入群体收入。要健全防止返贫动态监测和帮扶机制,严格落实"四个不摘"要求,确保主要帮扶政策总体稳定;管好用好扶贫资产,对现有扶贫资产摸清底数、加强监管,确保持续发挥作用;管好用好现有扶贫队伍,接续开展帮扶工作,重点在产业就业上下功夫,强化乡村产业帮扶,促进产业提档升级,防止返贫致贫。必须巩固好脱贫攻坚成果,才能实现脱贫攻坚向全面推进乡村振兴的平稳过渡,防止发生规模性返贫致贫,持续增加脱贫低收入群体收入,促进区域平衡发展。

继续延续并发挥好贫困治理过程中形成的成功经验和做法。深化五大帮扶,广泛凝聚巩固脱贫攻坚成果强大合力。深化领导联系帮扶;深化单位定点帮扶,强化定点帮扶责任,加大帮扶力度;深化干部驻村帮扶,应派尽派;深化县域结对帮扶,一对一帮扶乡村振兴重点帮扶县;深化社会参与帮扶,启动"万企兴万村"行动,持续推进"百社进百村"助力乡村振兴活动。

各地各部门不能懈怠,全力巩固拓展脱贫攻坚成果。健全动态监测和帮扶机制,全面推行网格化监测,建立县乡村组四级网格,对所有农村人口开展跟踪走访和常态监测。巩固"两不愁三

保障"和饮水安全成果,强化生活水平提升,强化义务教育保障,强化基本医疗保障,强化住房安全保障,强化饮水安全保障,多措并举促进脱贫群众增收。通过加强农村低收入人口帮扶、强化易地搬迁后续扶持、抓产业就业促"安业",以自然灾害、市场波动、带动断链、失业和家庭变故五类风险为重点,积极防范化解风险,坚决防止贫困反弹。

推进巩固拓展脱贫攻坚成果同乡村振兴有效衔接,大力实施脱贫地区乡村特色产业发展提升行动、脱贫人口稳定就业提升行动、农村生态保护提升行动、脱贫地区基础设施提升行动、脱贫地区公共服务提升行动"五大提升行动",全面增强脱贫地区脱贫人口发展动能。深入实施乡村振兴战略,对重点工作逐项分解,细化时间表、路线图,加强乡村振兴组织保障,坚持分类分区梯度推进,强化资金项目要素支撑,加快促进农业高质高效,着力推动乡村宜居宜业,努力实现农民富裕富足。

拓展脱贫攻坚成果,持续扩大农村中等收入群体规模。一是持续激发和提升脱贫地区内生动力。脱贫攻坚过程中,各地通过基层党建、劳动奖补等形式,激发群众思想转变,从背着手"看"、伸着手"要",转变为甩开手"干"。拓展脱贫攻坚成果,也要持续激发和拓展脱贫地区内生动力。首要激励有劳动能力的中低收入人口、贫困边缘人口追求勤劳致富,进一步发挥好致富带头人的作用,持续带动中低收入户、边缘户依靠提升自身的发展内力,通过勤劳致富,迈入中等收入群体。二是持续推进农村产业结构优化升级。在坚持退耕还林、退耕还草等生态奖补"输血"式绿色扶贫的基础上,大力探索资源变资产"造血"式绿色发展模式。有些地区依托资源优势,通过"旅游＋创业""旅游＋特色产业""旅游＋就业""旅游＋电商"等形式大力发展乡村旅游与产业融合,正在加快形成高附加值创新型的乡村产业发展模式。三是进一步巩固和拓展东西部协作模式。东西部扶贫协作是我国贫困治理的独特性制度创新。"十四五"时期,要积极引导东西部扶贫协作向东西部协作的拓展,立足国家区域发展总体战略,引导东部产业向西部梯度转移,增强国内产业链的厚度和可控力,提升产业链附加值。东西部协作是实现区域均衡发展、促进国内大循环的内在要求,要通过东西部协作增加西部欠发达地区低收入群体收入,持续扩大中等收入群体规模。东西部协作可以探索园区合作、劳务协作、供销合作等多种模式。①

全面推进乡村振兴,促进共同富裕。乡村振兴战略是党的十九大提出的国家战略,是关系全面建设社会主义现代化国家的全局性、历史性任务。然而,时代背景决定了乡村振兴的艰巨性、复杂性和长期性。脱贫攻坚的实践证明,打好乡村振兴持久战,加强顶层设计、抓好基层落实,是两个最关键的环节。完善的顶层设计需要坚实的理论支撑。学习领会习近平总书记关于乡村振兴重要论述是乡村振兴理论研究的前提基础和主要内容。加强乡村振兴理论研究,就是要从理论与实践、历史与现实、国内与国际等层面出发,深入研究阐释乡村振兴重要论述的形成渊源、实践基础、理论内涵、精神实质、时代价值、世界意义;分析论证乡村振兴重要论述的理论创新和贡献,及其对新时代"三农"工作的实践指导。构建乡村振兴理论体系是中央及有关部门做好顶层设计、总体布局、统筹协调、整体推进、督促落实等工作的共识。理论上的清醒是领导力、组织力、执行力的基础,乡村振兴理论体系的构建将贯穿乡村振兴全过程。打好乡村振兴持久战需要全党

---

① 程世勇.脱贫攻坚与乡村振兴有机衔接 扎实推动城乡共同富裕[N].光明日报,2022—01—10.

全社会的历史担当。这体现在三个方面:全面建设社会主义现代化国家,最艰巨最繁重的任务依然在农村,最广泛最深厚的基础依然在农村;乡村振兴是实现中华民族伟大复兴的一项重大任务;乡村振兴是共建人类命运共同体最基础的实践。①

全面推进乡村振兴是实现全体人民共同富裕的必由之路。全面推进乡村振兴,让更多的社会财富惠及农村人口,可以有效扩大农村中等收入群体的规模。与脱贫攻坚相比,乡村振兴的期限更长、难度也更大。从巩固脱贫攻坚成果、推进乡村振兴,到促进共同富裕,既不能等,也不能急,必须立足我国地区发展不均衡的现实,分阶段有序推进。

三、以缩小城乡差距为重点,补齐短板推进共同富裕

城乡收入差距是我国整体收入差距最重要的影响因素。第七次全国人口普查结果显示,2020年,我国农村常住人口占全国总人口的36%,约有5亿多人;农业从业人员占就业总人数的23.6%,约有1.8亿人。然而,农村居民的人均可支配收入仍然只有城镇居民人均可支配收入的39%,这些人员难以成为中等收入群体。而没有农业、农村和农民的现代化,就不可能有国家的现代化。

促进农民持续增收,是缩小城乡差距的主要途径。收入差距是城乡差距的直接体现。党的十八大以来,随着农业现代化、新型城镇化及乡村振兴战略的深入实施,农民收入增速快于城镇居民,城乡收入比不断缩小,由2013年的2.81持续下降到2021年的2.50。但从城镇居民与农村居民五等份收入分组来看,城

---

① 黄承伟.从脱贫攻坚到乡村振兴的历史性转移——基于理论视野和大历史观的认识与思考[J].华中农业大学学报(社会科学版),2021(04).

镇居民高收入组人均可支配收入与农村居民低收入组人均可支配收入差距的绝对值仍然较大。只有农民持续快速增收,才能进一步缩小城乡差距,尤其是要促进欠发达地区农民收入实现持续更快地增长。拓宽农民持续增收的基本路径。基于农民收入构成,多措并举拓宽增收渠道、挖掘增收潜力、培育增收动能。一是不断加强帮扶,促进就地就近就业创业。在当前农民人均可支配收入构成中,工资性收入占比超过40%,是农民增收的"压舱石"。必须发挥大中城市的就业带动作用,面向农村居民开展订单、定向、定岗等有针对性的职业技能培训,不断提升农村居民的就业能力;鼓励引导工商资本创造灵活就业岗位、发展共享用工,规范发展新就业形态,培育发展家政服务、物流配送、养老托育等生活性服务业,为农村劳动力提供更多就业岗位。二是推进产业融合,挖掘农村内部增收潜力。鼓励各地拓展农业多种功能、挖掘乡村多元价值,重点发展农产品加工、乡村休闲旅游、农村电商等产业;支持农业产业化龙头企业带动农民发展农产品初加工、精深加工,并通过完善联农带农机制,让农民合理分享全产业链增值收益;保护农民种粮积极性,发展适度规模经营,让种粮农民能获利、多得利。三是加快农村综合改革,扩大资产收益。巩固提升农村集体产权制度改革成果,探索建立农村集体资产监督管理服务体系,探索新型农村集体经济发展路径;稳妥有序推进农村集体经营性建设用地入市,推动开展使用权抵押融资;鼓励农民采取自营、出租等方式利用闲置宅基地和闲置住宅。四是加大转移支付力度,积极增加转移净收入。健全农业农村投入保障制度,加大中央财政转移支付、土地出让收入、地方政府债券支持农业农村力度;完善市场化多元化生态补偿机制,加大重点生态功能区、重要水系源头地区、自然保护地转移支付力度。①

城乡基本公共服务均衡供给。改革开放以后,伴随着党和政府一系列惠农政策的出台和落地,我国农村居民享有的基本公共服务水平有了显著提升。但是应该看到,当前城乡居民在享受基本公共服务供给方面仍不均衡。因此,整合和促进公共资源在城乡之间公平而合理的配置,补齐农村基本公共服务短板,满足人民日益增长的美好生活需要,既是实现共同富裕的关键环节,也是国家治理在制度设计和实施中迫切需要研究和解决的重大现实问题。党的十九届五中全会明确提出把"基本公共服务均等化"和"人民生活更加美好,人的全面发展、全体人民共同富裕取得更为明显的实质性进展"作为二〇三五年基本实现社会主义现代化远景目标。中央财经委员会第十次会议也把促进基本公共服务均等化作为扎实推动共同富裕的重要任务。共同富裕以实现人的全面发展为宗旨,只有构建惠及城乡居民的基本公共服务公平共享体系,才能彰显共同富裕的人民性和普惠性。城乡基本公共服务均衡供给是实现共同富裕的坚实基础,实现共同富裕要在公平与效率兼顾的基础上均衡城乡基本公共服务供给,客观上要求建立合理的基本公共服务供给机制,保障全体人民公平享有基本生存权与发展权,缩小城乡基本公共服务质量差距,促进城乡共同发展。

实现城乡区域协调发展是促进全体人民共同富裕的必由之路。要促进区域优势互补,构建资源共享的发展格局。推动共同富裕不仅要加强城乡之间的要素流动,也要深化区域之间的协作带动。要统筹发展和安全,使农产品主产区、能源资源富集地区、

---

① 谢天成,施祖麟.促进农民持续增收 推动共同富裕[N].光明日报,2022—03—29.

重点生态功能区等发挥好区位优势,提升粮食安全、能源安全、生态安全等方面的战略功能,为扎实推进共同富裕提供保障。在社会主义公有制条件下,政府可以通过微观规制和宏观引导等多种手段促进劳动力与生产资料在城乡、区域之间的有序流动及合理搭配,以逐步解决由发展不协调所导致的相对贫困问题。一方面,以中心城市带动三、四线城市、县级市的发展,推动脱贫攻坚与乡村振兴的有序衔接,逐步缩小城市与乡村在居民收入、消费水平和基础设施完善程度等多方面的差距;另一方面,充分利用东中西部和东北地区的自然资源与社会经济基础,探寻各区域的个性化发展道路,并开展差异化的区域分工合作。具体而言,东部地区应依托自身已有的经济基础和科技实力,继续推动数字技术的发展和产业结构的转型升级;中部地区可充分利用当地的自然条件和制造业基础,借力先进数字技术,发展特色农业和先进制造业;西部地区应继续加强基础设施建设,因地制宜发展特色旅游等优势产业;东北地区应继续深化国有企业改革,并依托当地自然条件,培育冰雪经济新动能。

四、围绕建设共同富裕示范区,制定扩大中等收入群体方案

十九届五中全会审议通过的《中共中央关于制定国民经济和社会发展第十四个五年规划和二〇三五年远景目标的建议》提出,在"十四五"时期"着力提高低收入群体收入,扩大中等收入群体",到2035年"中等收入群体显著扩大"。《浙江高质量发展建设共同富裕示范区实施方案(2021—2025年)》提出率先基本形成以中等收入群体为主体的橄榄型社会结构,目标是到2025年,中等收入群体规模不断扩大、结构持续优化、生活品质不断提升,家庭

年可支配收入 10—50 万元的群体比例达到 80％、20—60 万元的群体比例力争达到 45％。可以说，扩大中等收入群体，进而形成橄榄型社会是扎实推进共同富裕和建设好共同富裕示范区的重要目标和关键举措。

提高中等收入群体比例是加快形成橄榄型社会的主要途径。而要形成就要畅通向上流动通道，给更多人创造致富机会，形成人人参与的发展环境。

从社会流动角度看，橄榄型社会建立在充分的自由选择和良好的机会平等的流动社会。根据世界经济论坛发布的《2020年全球社会流动报告》，我国社会流动性指数为 61.5，排名第 45。以此估算，如果我国的社会流动性指数提升 10 个点到 71.5，达到葡萄牙、韩国的水平，我国 GDP 能够额外取得千亿美元级别的增长。中国古话"龙生龙，凤生凤，老鼠的儿子会打洞"说明的便是较低的社会流动性造成的社会僵化和阶层复制，"朝为田舍郎，暮登天子堂"则描述了较高的社会流动性。当前不可忽视的是，"不平等"已成为"世界潮流"和全球现象，国际劳工组织 2019 年使用包含 189 个国家的劳动收入分布数据集测算发现，10％ 高收入群体挣得全球近一半的劳动收入，劳动收入占比从 2004 年 53.7％ 下降至 2017 年 51.4％。拉美"中等收入陷阱"就是社会流动性下降造成经济发展陷入持续衰退的典型反面教材。因此，扩大中等收入群体，进而实现共同富裕，需要围绕创造流动机会、畅通流动渠道、扩展发展空间、兜牢社会底线，构建合理、公正、畅通、有序的社会性流动格局，让城乡流动有渠道，区域流动有自由，技能提升有通道，职业转换有路径，发财致富有机会，进一步提升我国社会流动性，在推进群体、地区和城乡的共享发展基础上实现包容性发展，为个人（家庭）收入增加提高机会和提供前提，实现社会的良序流动。①

畅通向上流动通道，本质上就是要打破既得利益对社会阶层流动的束缚，给社会成员创造公平合理的创富环境，鼓励社会成员人人奋斗力争上游，防止财富的积累构筑成护城河，打压或变相剥削后富群体，形成阶级、财富固化。这样才能使越来越多人通过规范的上升通道进入中产阶层，打造中间大两边小的橄榄型社会。

畅通向上流动通道最重要的措施在于基本公共教育的均等化。基本公共教育均等化的核心是促进教育机会均等，保障所有适龄孩子享有平等受教育的权利。我国是人口大国，幅员辽阔，这决定了我国的教育问题具有复杂性、地域性，这也要求在公共教育资源分配上提高公平性，保障教育资源匮乏地区学生的受教育水平，缩小人力资本差距。同时，要打压牟利资本对基础教育领域的过度渗透，严格整治校外培训超前超标的问题，补齐公共教育资源的供给短板。

畅通向上流动通道，还需要解决好"代际流动"的问题。"代际流动"指的是父辈和子辈收入的相关性，在国际社会上，对于社会流动性的考察多数就是对代际流动的考察。代际收入的相关性越强，越容易出现富者恒富、穷者恒穷的局面。改革开放以来，经过一代人的财富积累，"先富者"占有越来越多的存量财富，一定程度上限制了"后富者"对社会增量财富的创造，堵塞了"后富者"向上流动的通道。对于上述问题，一般性的办法就是保障社会竞争的公平性，使个人能力在社会竞争中成为核心标准，最大程度上降低父辈的影响。为了实现这一点，除了上面提到的在教育方

---

① 文雁兵.扩大中等收入群体 为实现共同富裕奠定社会基础[N].光明网—理论频道,2021—11—10.

面加大公平以外,还要加大对小微企业的支持,鼓励企业下岗人员、自由择业人员通过自主创业实现人生价值。①

建设共同富裕示范区,汲取重要经验不断探索中国道路。中共中央、国务院已经印发《关于支持浙江高质量发展建设共同富裕示范区的意见》,这是在我国进入全面开启社会主义现代化建设的新发展阶段,中共中央、国务院扎实推动共同富裕在省域层面的重要制度安排,也是新发展阶段更加积极有为地促进共同富裕的一项重要抓手。浙江省富裕程度高、均衡性好,在探索解决发展不平衡不充分问题方面取得明显成效,通过在浙江率先形成共同富裕的目标体系、评价体系、工作体系、政策体系,能够为全国其他地方促进共同富裕探索路径、积累经验、提供示范。共同富裕并非一蹴而就,必须根据各地实际稳步推进,浙江共同富裕示范区建设,为探索高质量发展促进共同富裕的中国道路提供来自长三角的重要经验,未来在珠三角、京津冀及中西部等区域也要探索适合各地情况的共同富裕路径,要推动共同富裕示范区建设与中国式现代化建设相协调,不断探索高质量发展促进共同富裕的中国道路。

坚持市场化改革方向,完善社会主义市场经济体制。要提高发展的平衡性、协调性、包容性,加快完善社会主义市场经济体制,增强区域发展的平衡性,强化行业发展的协调性。首先,构建兼顾公平效率的收入分配制度,形成兜住底线与调节过高收入的长效机制。要保护产权和知识产权,保护合法致富,促进各类资本规范健康发展。要促进基本公共服务均等化,加大普惠性人力资本投入,完善养老和医疗保障体系、兜底救助体系、住房供应和

---

① 实现共同富裕须正确处理效率与公平的关系.金融时报—中国金融新闻网 2021—10—11.

保障体系。要加强对高收入的规范和调节,依法保护合法收入,合理调节过高收入,鼓励高收入人群和企业更多回报社会。要清理规范不合理收入,整顿收入分配秩序,坚决取缔非法收入。要促进农民农村共同富裕,巩固拓展脱贫攻坚成果,全面推进乡村振兴,加强农村基础设施和公共服务体系建设,改善农村人居环境。其次,推动引领人民精神生活的制度建设,培塑正确价值观,营造共同富裕的积极舆论生态。要促进人民精神生活共同富裕,强化社会主义核心价值观引领,不断满足人民群众多样化、多层次、多方面的精神文化需求。劳动收入份额下降背后反映的是经济转型和产业升级。要提升劳动收入份额,就需在坚持社会主义市场化改革方向的前提下,将技术发展战略从"拿来、引进"追赶型进一步转向"研发、创新"赶超型,将资本深化发展路径从"强资本弱劳动"转向"强资本重技能",让劳动者掌握更多技术、技能,让更多劳动者进入先进制造业和现代化服务业,进而推动劳动收入份额上升。

五、落实以人民为中心的发展思想,着力加强人民的发展能力建设

践行党的宗旨就要紧紧地团结和依靠人民,走共同富裕之路。创新是人类经济发展与社会进步的源泉和动力。一切为了人民、一切依靠人民,实现共同富裕要靠全体人民共同奋斗。共同富裕要靠人民的勤劳智慧来创造。鼓励人民勤劳致富不仅可以激发社会成员的主动性、积极性和创造性,创造更好更多的物质财富、精神财富,而且还能体现人民主体地位。每个社会成员都应该共享改革发展成果,但这同时意味着社会成员需要承担参与改革发展进程的责任和义务,否则共享的权利就可能扭曲成坐

享其成的特权,失去在高质量发展中推动全体人民共同富裕的持续动力。共同富裕离不开共同奋斗,鼓励人民共同奋斗、勤劳致富,可以为实现共同富裕奠定坚实基础。

只有营造和谐良好的发展环境和实干奋斗的良好氛围,多创造致富机会,为共同富裕奠定坚实基础。完善相关政策体系和体制机制,为人民提高受教育程度、增强发展能力创造更加普惠公平的条件,提升全社会人力资本和专业技能,能够提高人们的就业创业能力,增强人们的致富本领。当前,绝对贫困问题已经得到历史性解决,相对贫困现象仍然存在。实现全体人民共同富裕,就要完善社会政策,促进基本公共服务均等化,重点帮扶保障低收入群体,完善兜底救助体系,推动更多低收入人群迈入中等收入行列。

大力加强人民的发展能力建设,普遍提高人民的受教育水平,增强劳动者的人力资本积累和发展能力。我国的人口结构正在发生极其深刻的变化,劳动年龄人口的总量和占总人口的比例都在下降,老龄化程度快速加深,以劳动力数量为标志的人口红利正在减弱,但以劳动力素质为标志的新人口红利正在形成。我们要通过大力提高劳动力素质,普遍提升劳动者的生活状况,以及收入和财富的获得能力。提高受教育程度、增强发展能力、提高就业质量创造更加普惠公平的条件,畅通向上流动通道,推动人的全面发展,给更多人创造致富机会,切实解决发展不平衡不充分问题和人民群众急难愁盼问题,就是让发展成果更多更公平惠及全体人民,不断促进人的全面发展,朝着实现全体人民共同富裕不断迈进。坚持发展为了人民、发展依靠人民、发展成果由人民共享,要把人民满意不满意、高兴不高兴、答应不答应、赞成不赞成作为衡量党和国家一切工作的根本标准,以造福人民为最大政绩,始终把人民利益摆在至高无上的地位。促进全体人民共同富裕,是对坚持以人民为中心的发展思想的贯彻落实。

第一次分配在市场,主要看人民群众的努力奋斗、能力发挥和业绩贡献。让一部分人先富起来,一定意义上是从这个角度讲的。第二次分配在政府,主要看政府调节,其实质主要讲的是制度正义与人民奉献。今天,人们都在讲第三次分配,这次分配在社会,主要看社会道义与人民慈善。从三次分配中,尤其是第二次、第三次分配中,可以看到人民群众的团结奋斗、贡献奉献在促进共同富裕中的重要作用,离开人民群众的团结奋斗、贡献奉献,是不可能实现共同富裕的。这里,坚持以人民为中心与促进共同富裕,是相辅相成的关系。

六、促进数字经济与共同富裕融合发展,提供坚实物质基础

习近平总书记在中共中央政治局第三十四次集体学习时强调,"数字经济发展速度之快、辐射范围之广、影响程度之深前所未有,正在成为重组全球要素资源、重塑全球经济结构、改变全球竞争格局的关键力量"。最新的《中国数字经济发展报告》指出,2021年中国数字经济规模45.5万亿,由两个部分构成:数字产业化和产业数字化。数字产业化8.35万亿,产业数字化37.18万亿。数字技术正在加速与实体经济融合,数字经济或将成为未来最主要的经济形态。经济发展进入新阶段要靠创新,而平台经济、数字经济是支持创新的重要力量。无论是支付、网购、外卖、订车或者是社交等活动的数字平台成为越来越多人的选择,数字化已经进入人们的日常生活。数字平台是数字经济的微观基础。应支持、鼓励数字平台,夯实数字经济的微观基础,支撑数字化。在这

个基础上,再推进我国社会的数字化以及政府的数字化。需要进一步推动数字经济与实体经济深度融合,实现实体经济的数字化转型由消费到生产、由流通到制造的转变,增强产业链供应链韧性,筑牢现代化经济体系的坚实基础。

产业数字化已成不可阻挡的浪潮,企业应牢牢把握数字经济的时代机遇。我国产业数字化加快发展,数字技术赋能传统产业,大大提高了劳动生产率,而且数字技术的应用也要求劳动从业人员具有较高的知识技能,倒逼劳动者进行职业技能学习,从普通工人转向技术工人,从而有效提高劳动者报酬水平。譬如,制造业是数字技术赋能的重点领域,"十三五"时期企业关键工序数控化率从45.7%增加至52.1%,数字化研发设计工具普及率从61.8%增加至73%。不仅如此,数字技术在各个产业的渗透也拓宽了传统就业的内涵,数字技术与日常生活生产相结合促使在线教育、远程医疗等行业快速发展,开辟了新的就业领域。根据中国信通院发布的数据,我国三次产业数字经济渗透率分别达到了8.9%、21.0%和40.7%,而在就业总人数中,24.6%来源于数字经济领域,吸纳就业主要在产业数字化领域且主要是第三产业领域。要持续扩大数字产业化规模,为劳动者创造更多的就业机会。加快产业升级和转型,充分利用数字赋能传统产业的创新发展,从制造大国转向制造强国。大力推动高新数字技术与传统制造业的融合,加快产业链升级和体系重构。数字信息技术的创新和跨产业运用能有效推动传统产业链的升级,从而促进经济的高质量发展。为此,应加强数字基础设施建设,并促使先进数字技术与农业、劳动力密集型制造业有机结合,以高效的信息收集和处理模式协助传统产业创新生产,使农业、工业生产更加高效。此外,平台经济具有一定垄断性,要在限制平台资本无序扩张,打击平台垄断行为的前提下,发挥其在促进生产、生活方式创新,满足人民美好生活需要方面的积极作用,助力经济高质量发展,更好地适应消费市场发展的需求。

攻克关键核心技术难关,坚定不移地走自主创新道路。一是从财政和人才角度给予基础性研究更多重视,加大对基础研究的投入,从理论架构层面逐步筑牢我国科研事业的基础。二是把目标定位在全球科研和市场的最前端,加大力度狠抓基础研究尖端技术,在重点领域把牢主动权。要发挥国家体制优势和市场优势,用强大的资源和市场在关键重点领域为基础研究提供市场资源。同时,要打造一批有综合实力,有国际影响力的高新产业集群。完善科研成果转化工作,在体制机制上下功夫,以完善的诱导机制鼓励帮助新成果落地,打通科研事业的"最后一公里",为建设高新技术产业集群提供充足优质的项目资源。①"实现从数字大国向数字强国的升级,必须牵住数字关键核心技术自主创新这个'牛鼻子',发挥中国特色社会主义制度优势,坚持产业攻关模式,培育一批有全球影响力的数字平台企业和供应链企业,以更高水平的开放型数字经济抢占发展新赛道。"②

以数字经济为乡村振兴的发展动力。要实现共同富裕,必须走乡村振兴之路,数字经济为乡村地区带来了人才、资金、技术和物资,优化了资源配置。数字经济赋能乡村全面振兴是农业农村领域扩大中等收入群体、提高低收入群体收入水平的重要路径。通过培育现代农业以及壮大乡村旅游、农村电商等富民产业来实现数字乡村振兴。数字信息技术深入农业农村的各个领域和环

---

① 张进财.以数字经济推动共同富裕[N].学习时报,2022—08—05(03).

② 张丽君,巩蓉蓉.充分发挥数字经济在推进共同富裕中的重要作用[N].光明日报,2022—06—13.

节之中,农业生产方式和农民生活方式也因此而改变。比如,通过建设"数字加工厂""数字牧场""无人农场"等促进农业产业现代化集约化发展,增加产业附加值,提升就业人员收入水平;搭建产业带直播基地等电商平台,利用"线上＋线下"销售模式革新农业零售体系,拓宽特色农产品营销渠道,提高农民收入水平。①数字经济不仅促进了一、二、三产业深度融合,还有效促进了现代农业等相关产业的全面崛起,例如出现了电子商务企业、农民专业合作社、农产品加工业等行业,这些行业的兴起给人们的就业增加了更多的机会,通过电商平台、社交网络及时发布特色土特产、自然风光、文化旅游资源,在线旅游和外卖平台促进了乡村旅游、餐饮和住宿的发展。数字技术的出现,改变了乡村居民的消费、休闲和社会化模式,使乡村居民的日常生活更加便利和快捷,缩小城市与乡村之间的发展差距,推动了城乡一体化发展。总之,以数字经济为载体可以更好地实现共同富裕。

七、继续提升改革开放水平,推动构建新发展格局,助力共同富裕

习近平总书记在庆祝中国共产党成立一百周年大会上的重要讲话中指出,改革开放是决定当代中国前途命运的关键一招。中国有今天的巨大成就,与改革开放息息相关,未来中国持续稳定推进共同富裕要依靠改革开放。

建设现代化经济体系,是顺应中国特色社会主义进入新时代的新要求作出的重大决策部署。实现全体人民共同富裕,要立足我国长期处于社会主义初级阶段这个最大实际,坚持发展仍是解决我国所有问题的关键这个重大战略判断,坚持以经济体制改革

---

① 潘家栋.以数字经济发展促进共同富裕[N].光明日报,2022—08—11.

为重点,建设更高水平的社会主义市场经济体制,推动生产关系同生产力、上层建筑同经济基础相适应,推动经济社会持续健康发展。深化经济体制改革促进共同富裕,最主要的是要加快完善社会主义市场经济体制,充分发挥市场在资源配置中的决定性作用,更好发挥政府作用。要深化企业改革,增强市场主体活力;深化市场体系和市场机制改革,加快建设全国统一大市场;深化宏观领域改革,加快转变政府职能。深化制度性改革。通过深化国有企业改革、构建新型政商关系、缓解企业融资约束等,改善中国经济发展的制度环境,吸引更多的高质量外资和激发国内企业开展更多投资,为广大劳动者提供更多工作机会和更好的工作条件,提高劳动收入份额。

依法规范和引导我国资本健康发展,发挥其作为重要生产要素的积极作用。习近平总书记在中共中央政治局第三十八次集体学习时强调,"资本是社会主义市场经济的重要生产要素,在社会主义市场经济条件下规范和引导资本发展,既是一个重大经济问题、也是一个重大政治问题,既是一个重大实践问题、也是一个重大理论问题,关系坚持社会主义基本经济制度,关系改革开放基本国策,关系高质量发展和共同富裕,关系国家安全和社会稳定。"资本作为生产要素为社会主义市场经济繁荣发展作出了积极贡献。我国存在国有资本、集体资本、民营资本、外国资本、混合资本等各种形态资本,并呈现出规模显著增加、主体更加多元、运行速度加快、国际资本大量进入等明显特征。要规范和引导资本发展,通过设立"红绿灯",健全资本发展的法律制度,形成框架完整、逻辑清晰、制度完备的规则体系。要继续完善我国资本市场基础制度,更好发挥资本市场功能,为各类资本发展释放出更大空间。

　　持续对外开放。共同富裕不是闭关锁国的封闭式富裕,通过不断提升对外开放水平,促进经济内外联动既是我国当前产业链和需求市场的宏观经济面决定的,同时也是扎实推动共同富裕取得更为明显的实质性进展的客观要求。现实数据表明,我国经济已经深度融入世界经济体系之中,"你中有我,我中有你"的经济格局已经形成,我国是世界120多个经济体的最大贸易伙伴,同时是世界第一贸易国和生产制造国,超过1.8亿的就业人数由外贸带动,2020年我国货物贸易进出口总值达32.16万亿元人民币。这表明,开放格局所形成的巨大推动力已经成为我国经济发展的重要支撑,在构建以国内大循环为主体、国内国际双循环相互促进的新发展格局导向下,必须坚持开放的基本国策不动摇,维护贸易多边主义,促进全球产业链和供应链的稳定,大力培育我国参与国际合作和竞争的新优势,为推动全体人民实现共同富裕贡献"开放"的力量。[①]其一,推动进出口贸易高质量发展。在保障国内产品销售市场的同时,积极扩大进口,满足多样化消费需求;优化出口产品结构,合理增设自由贸易区,促进国际循环的顺利实现。其二,优化国内营商环境,提升对于市场主体的监管效率,完善对于违反营商法规和经营条例的企业的惩罚机制;促进国际市场准入规则的合理化,树立我国企业的良好国际形象,提升其在国际市场的竞争力。其三,以"一带一路"为依托,广泛开展国际贸易,在促进沿线国家基础设施建设的同时,增强我国经济的韧性,促进经济再平衡的实现,为共同富裕提供稳定保障。

　　进入新发展阶段明确了我国发展的历史方位,贯彻新发展理念明确了我国现代化建设的指导原则,构建新发展格局明确了我

　　[①] 缪锦春,易华勇.贯彻新发展理念,扎实推动共同富裕[EB/OL].光明网—理论频道,2022—03—15,https://theory.gmw.cn/2022—03/15/content_35588758.htm.

国经济现代化的路径选择。在高质量发展进程中,构建新发展格局将着力满足人民美好生活的需要,推动重点领域关键环节改革任务,不断提升创新能力以适应高质量发展要求,推动宏观经济发展由高速向高质量转变,强化经济发展的自立自强。不断深化对外开放,积极推动区域或者全球合作,开创经济持续发展新局面,夯实共同富裕的基础。统筹协调推动构建新发展格局。现阶段,面对国内国外严峻的形势和艰巨的任务,我们需要坚持扩大内需这个战略基点,加快培育完整内需体系,把实施扩大内需战略同深化供给侧结构性改革有机结合起来,以创新驱动、高质量供给引领和创造新需求。我们坚持以扩大内需、满足国内需求为出发点和目标,促进高质量发展,加快形成发展新格局。高质量发展的主要方向就是这个发展新格局。扩大内需既能更好地满足人民群众对美好生活的需要,又能为经济发展注入持久动力。扩大内需市场,使生产、分配、流通各环节更多依托国内市场实现良性循环,坚持创新驱动发展,扩大高质量产品和服务供给,使总供给和总需求能够达到平衡,促进经济发展得到质的提升。将国内国际双循环贯通起来,使其良性互动,有利于构建更加完整且优良的内需体系,发挥比较优势嵌入全球分工体系,同时构建新发展格局要打通要素流动的堵点痛点,畅通不同人群勤劳致富的渠道,在高质量发展中缩小城乡、区域和行业差距。更重要的是,我们要推动更大程度的对外开放,充分利用国内国外两个市场和两个资源,促进内需和外需、引进来和走出去协调发展。[①]

国家发展改革委在2022年2月17日会议中介绍浙江共同富裕示范区建设的最新进展情况并提出推动出台《促进共同富裕行

---

① 贾存艳,郭亚丽.在高质量发展中促进共同富裕[J].中国商论,2022(14):
23—25.

动纲要》,以缩小地区差距、城乡差距、收入差距和公共服务差距为主要方向,构建初次分配、再分配、三次分配协调配套的基础性制度安排,更加注重向农村、基层、欠发达地区和困难群众倾斜,深入谋划好促进共同富裕的顶层设计。二是牵头研究制定扩大中等收入群体实施方案,将聚焦重点群体精准施策,在城乡居民普遍增收的基础上,推动更多低收入群体跨入中等收入行列。三是研究构建促进共同富裕监测评估体系。相信随着相关政策的出台,破除共同富裕困境,解决难题,探索实现共同富裕新路径,走好共同富裕之路。

参考文献

[1] 肖贵清,陈炳旭.从"汔可小康"到"全面建成小康社会"——"小康"概念的历史演变与当代意蕴[J].海南大学学报(人文社会科学版),2022(2):109—117.

[2] 姜丹溪,陈金龙."小康社会"概念演变的历史考察[J].当代中国史研究,2020(6):128—138,+160.

[3] 中共中央文献研究室,中央档案馆.建党以来重要文献选编(1921—1949):第25册[M].北京:中央文献出版社,2011:465.

[4] 邓小平.邓小平文选:第2卷[M].北京:人民出版社,1994.

[5] 邓小平.邓小平文选:第3卷[M].北京:人民出版社,1993.

[6] 中共中央文献研究室.十五大以来重要文献选编(上)[M].北京:人民出版社,2000.

[7] 杨彬彬,马玉婕."最大的政治"论断的演进、特点与价值[J].当代中国史研究,2019(6):65—73.

[8] 中共中央文献研究室.十三大以来重要文献选编(上)[M].北京:人民出版社,1991:16.

[9] 中共中央文献研究室.十四大以来重要文献选编(上)[M].北京:人民出版社,1996:32.

[10] 中共中央文献研究室.十四大以来重要文献选编(中)[M].北京:人

民出版社,1997:1481.

[11] 中共中央文献研究室.十六大以来重要文献选编(上)[M].北京:中央文献出版社,2008:407.

[12] 中共中央文献研究室.十六大以来重要文献选编(下)[M].北京:中央文献出版社,2008:1122.

[13] 中共中央文献研究室.十七大以来重要文献选编(上)[M].北京:中央文献出版社,2009.

[14] 中共中央文献研究室.十五大以来重要文献选编(中)[M].北京:中央文献出版社,2001.

[15] 习近平.主动把握和积极适应经济发展新常态推动改革开放和现代化建设迈上新台阶[N].人民日报,2014—12—15(1).

[16] 习近平.习近平谈治国理政:第一卷[M].北京:外文出版社,2018.

[17] 郭台辉.谁的概念史,谁之合理性:三种类型的比较分析[J].学海,2020(1):47—55.

[18] 马玉婕,杨彬彬.习近平新时代中国特色社会主义思想的价值取向与大众化[J].西安财经学院学报,2019(2):5—9.

[19] 习近平.在庆祝中国共产党成立100周年大会上的讲话[N].人民日报,2021—07—01(2).

[20] 毛泽东.毛泽东文集:第六卷[M].北京:人民出版社,1999:358.

[21] 中共中央文献研究室.习近平关于社会主义经济建设论述摘编[M].北京:中央文献出版社,2017:19.

[22] 习近平.决胜全面建成小康社会夺取新时代中国特色社会主义伟大胜利——在中国共产党第十九次全国代表大会上的报告[M].北京:人民出版社,2017:1.

[23] 习近平.在学习《胡锦涛文选》报告会上的讲话[M].北京:人民出版社,2016:11.

[24] 中共中央文献研究室.习近平关于全面建成小康社会论述摘编[M].北京:中央文献出版社,2016:11.

[25] 习近平.在全国政协新年茶话会上的讲话[N].人民日报,2018—12—30(2).

[26] 习近平.在庆祝中国共产党成立95周年大会上的讲话[M].北京:人民出版社,2016:12.

[27] 中共中央文献研究室.十八大以来重要文献选编(上)[M].北京:中央文献出版社,2014:694.

[28] 杨彬彬,马玉婕."中华民族伟大复兴"与"社会主义现代化"内涵及其关系考辨[J].世界社会主义研究,2018(7):39—46.

[29] 列宁.列宁选集:第1卷[M].北京:人民出版社,2012:311.

[30] 习近平.在哲学社会科学工作座谈会上的讲话[M].北京:人民出版社,2016:14.

[31] 习近平.在高质量发展中促进共同富裕统筹做好重大金融风险防范化解工作[N].人民日报,2021—08—18(1).

[32] 习近平.扎实推动共同富裕[M].求是,2022(20).

[33] 鲁品越.习近平关于实现人民共同富裕的方法论[J].马克思主义研究2022(1).

[34] 郝永平、高惺惟.破除对共同富裕的认识误区[N].经济日报,2022—8—1.

[35] 杨彬彬.新时代共同富裕视角下小康话语的演进及当代启示[J].西安财经大学学报,2022(3):26—35.

[36] 习近平总书记系列重要讲话文章选编[M].北京:中央文献出版社,2016.

[37] 胡锦涛.在庆祝中国共产党成立90周年大会上的讲话[N].人民日报,2011—07—02(002).

[38] 习近平总书记系列重要讲话读本[M].北京:人民出版社,2016.

[39] 习近平谈治国理政:第1卷[M].北京:外文出版社,2018.

[40] 习近平谈治国理政:第2卷[M].北京:外文出版社,2017.

[41]共同富裕专题报告:从全球视角探索共同富裕的实现路径与成效

[R].央财智,2022—05—13.

[42]习近平.在庆祝中国共产党成立100周年大会上的讲话[N].人民日报,2021—07—01(2).

[43]马克思.资本论:第1卷[M].北京:人民出版社,1975:993.

[44]张进财.以数字经济推动共同富裕[N].学习时报,2022—08—05(03).

[45]张丽君,巩蓉蓉.充分发挥数字经济在推进共同富裕中的重要作用[N].光明日报,2022—06—13.

[46]韩保江.高质量发展是实现共同富裕的根本途径[N].光明日报,2021—11—01(16).

后　记

　　在专著出版专项申请前期,研究生张露露、张伟艳同学做了大量前期工作,收集了大量的研究材料。在此感谢她们所做的辛勤劳动!

　　本书能够出版问世,得到了上海三联书店出版社支持,尤其是钱震华老师的鼎力帮助与支持,我们衷心感谢!

　　此外我们在研究中汲取了理论界、学术界已有的研究成果,在此不一一列举,向他们表示感谢!

图书在版编目(CIP)数据

中国特色共同富裕理论与实践演进研究/杨莲秀著.
—上海:上海三联书店,2022.
ISBN 978 - 7 - 5426 - 7897 - 3

Ⅰ.①中… Ⅱ.①杨… Ⅲ.①共同富裕—理论研究—
中国 Ⅳ.①F124.7

中国版本图书馆 CIP 数据核字(2022)第 191572 号

中国特色共同富裕理论与实践演进研究

著　　者　杨莲秀

责任编辑　钱震华
装帧设计　陈益平

出版发行　上海三聯書店
　　　　　(200030)中国上海市漕溪北路 331 号
印　　刷　上海昌鑫龙印务有限公司

版　　次　2022 年 10 月第 1 版
印　　次　2022 年 10 月第 1 次印刷
开　　本　700×1000　1/16
字　　数　140 千字
印　　张　12.25
书　　号　ISBN 978 - 7 - 5426 - 7897 - 3/F・877
定　　价　68.00 元